Lenz / Ellebracht / Osterhold

Vom Chef zum Coach

Gerhard Lenz / Heiner Ellebracht / Gisela Osterhold

Vom Chef zum Coach

Der Weg zu einer neuen Führungskultur

GABLER

Die Deutsche Bibliothek – CIP-Einheitsaufnahme

Lenz, Gerhard:
Vom Chef zum Coach : der Weg zu einer neuen Führungskultur / Gerhard Lenz/Heiner Ellebracht/Gisela Osterhold. – Wiesbaden : Gabler, 1998
ISBN 3-409-18995-5

Lektorat: Ulrike M. Vetter

Der Gabler Verlag ist ein Unternehmen der Bertelsmann Fachinformation GmbH.

http://www.gabler-online.de

Umschlaggestaltung: Schrimpf und Partner, Wiesbaden
Satz: Fotosatz L. Huhn, Maintal-Bischofsheim
Druck und Bindung: Wilhelm & Adam, Heusenstamm
Printed in Germany

ISBN 3-409-18995-5

Vorwort

Der Ruf nach stetigem Wandel, eine von vielen Unternehmen verlangte Umorientierung der Mitarbeiterinnen und Mitarbeiter, erfordert vom Management die konsequente Einführung einer neuen Führungskultur. Diese ist in modernen Unternehmen und Organisationen zur zwingenden Notwendigkeit geworden, da komplexe Aufgaben und ständiger Wandel unterschiedlichste Kompetenzen erfordern, die einen kompetenten, selbstorganisierten Mitarbeiter voraussetzen.

Wettbewerbsfähig werden nur die Unternehmen bleiben, die es verstehen, die neuesten Erkenntnisse der Mitarbeitermotivation und -führung sowie Projekt- und Unternehmensorganisation zielgerichtet einzusetzen.

Durch die Möglichkeit, Verschiedenheit zu nutzen, Vielfalt zu ermöglichen und optimal zielorientiert zu handeln, erfaßt Coaching als erfolgreiche Führungsform immer mehr Teile des Unternehmens und tritt zunehmend an die Stelle alter Führungskonzepte.

Coaching, das ursprüglich aus dem Sport kommt, war früher lediglich ein Werkzeug, mit dessen Hilfe eine Führungskraft in ihrer Arbeit unterstützt wurde. Der Coach als interner oder externer Berater sorgte als Außenstehender dafür, daß sein Kunde, entsprechend der Zielsetzung des Unternehmens, erfolgreich war.

Diese punktuelle Unterstützung einzelner Führungskräfte hatte allerdings immer nur eine beschränkte Auswirkung auf das Gesamtunternehmen. Eine bessere Nutzung der Ressourcen ist erst dann möglich, wenn Coaching eine systemische Wirkung auf das Ganze entfalten kann und im Unternehmen breit als Teil einer veränderten Führungskultur geschult und eingesetzt wird. Um diesen Gesamtblick zu ermöglichen und auch auf der Ebene von Teams und Individuen wirksam sein zu können, braucht es die speziellen Konzepte des systemischen Denkens und Handelns. Der Systemansatz stellt umfassende Konzepte, Methoden und Techniken bereit, die eine neue Führungskultur installieren helfen. Hierzu gehört vor allem ein integriertes Veränderungskonzept, das moderne Ansätze wie den Konstruktivismus, Chaosforschung und Selbstorganisation berücksichtigt.

Wir verstehen in diesem Buch systemisches Coaching als allgemeine Führungsphilosophie, Haltung und methodisches Vorgehen der Chefinnen und Chefs. In einer veränderten Führungskultur sehen sich alle Führungskräfte als Coaches, und statt in einem „Machen-Sie-das-so"-Verhältnis handeln sie als Unterstützer und Dienstleister ihrer Mitarbeiterinnen und Mitarbeiter. Auf diesem Weg wird der Mitarbeiter darin unterstützt, sich selbst zu optimieren und seinen Ideenreichtum in die Lösung der anstehenden Fragestellungen und in die Erledigung der anfallenden Arbeiten mit höchstmöglicher Selbständigkeit einzubringen. Wenn in Organisationen Menschen vernetzt zusammenarbeiten, kann sich Coaching nicht nur auf den Umgang mit Individuen beziehen, sondern muß Zusammenarbeit, Teamentwicklung und Teamcoaching zum selbstverständlichen Bestandteil haben.

In diesem Buch legen wir Ihnen, verehrte Leserinnen und Leser, sowohl die Philosophie und Konzepte als auch die methodischen Schritte des Coachings dar. Beispielhafte Coaching-Protokolle helfen Ihnen dabei, daß dieses Buch eine Anleitungs- und Trainingshilfe für eine veränderte Führungskultur in Ihrem Unternehmen, in Ihrer Organisation werden kann. Sollten Sie das Interesse an diesem Führungsansatz mit Kolleginnen und Kollegen teilen, zögern Sie nicht, sich mit ihnen über Ihre Erfahrungen auszutauschen und sich gegenseitig über Schritte zur Verbesserung zu beraten. Lernen geschieht besser im Dialog und in Feedbackschleifen.

Auch dieses Buch ist im Dialog entstanden, im Dialog mit den Mitarbeiterinnen und Mitarbeitern des Schweizer Telekommunikationsunternehmens Swisscom AG, das im Zuge des Wandlungsprozesses vom Staatsbetrieb zur Aktiengesellschaft den Coaching-Ansatz zur Veränderung der Führungskultur etabliert hat. – Unser Dank gehört an dieser Stelle den Mitarbeiterinnen und Mitarbeitern der Abteilung Personal und Organisation, die an der Umsetzung des Trainingsprogrammes unermüdlich mitgewirkt haben. Der besondere Dank gehört Rudolf E. Brülisauer (Swisscom AG) und Werner Berger (WBU), die beide am Design und an der Entwicklung des Coaching-Weiterbildungsprogrammes entscheidend beteiligt waren. Besonderer Dank gebührt auch Walter Merz (Swisscom AG), der als Autor des Kapitels „Die Veränderung der Führungskultur bei der Swisscom AG“ den Veränderungsprozeß der Swisscom AG und die praktische Umsetzung der umfangreichen Weiterbildungsmaßnahme darstellt. Nicht zuletzt gebührt unser Dank allen Chefinnen und Chefs der Swisscom AG, die als Teilnehmer/innen in den Coaching-Seminaren mit ihren Feedbacks zur Weiterentwicklung unseres Ansatzes beigetragen haben. Das gleiche gilt für die Trainer/innen und Berater/innen von eurosysteam®, die als Lehrcoaches die Seminare geleitet haben und deren Hinweise auf eine Verbesserung der inhaltlichen Darstellung und der Didaktik ebenfalls Eingang gefunden haben.

Heidelberg, im Oktober 1998

Gerhard Lenz
Heiner Ellebracht
Gisela Osterhold

Inhalt

Führung verändert Unternehmen

Unser Leben ist voller Überraschungen. Ständig zwingen uns äußere Einflüsse zur Anpassung, zur Erneuerung und zur Entwicklung. Wir können diesen Prozeß der permanenten Veränderung nicht anhalten. Durch Wiederholungen bilden wir Muster und Regeln, zeigen sich Strukturen, die wir durch Kontrolle und kleinste Anpassungen aufrechterhalten. Den permanenten Wechsel zwischen Chaos und Struktur erleben wir turbulent. Wir bauen auf, erhalten und lösen uns immer wieder von festen Gegebenheiten. Die Schnelligkeit der Veränderung werden wir nicht überwinden, sondern wir werden mit und in ihr leben.

Veränderung bedeutet lernen. Wir alle lernen durch uns selbst, durch die natürlichste Art, uns selbst zu steuern. Wir lernen, indem wir Neues erfinden, während wir leben und arbeiten. Wir lernen im Prozeß, wenn wir immer wieder verbessern. Wir lernen durch Ideen und durch unser emotionales Bewerten. Wir lernen durch Ausprobieren und Anwenden. Wir lernen durch Nachfragen. Wir lernen durch Einsicht, weil Konzepte uns überzeugen. Wir lernen durch Anleitung und Nachahmung.

Wir, das sind die Menschen eines Unternehmens, Führungskräfte, Mitarbeitende, die Angestellten, Arbeiterinnen und Arbeiter, aber auch die Kunden und die Lieferanten. Wir, das sind auch die sozialen Beziehungen, die ein Unternehmen zu dem machen, was es ist. Wenn wir verstehen, wie wir selbst lernen, verstehen wir, wie andere lernen und sich entwickeln können.

An Führungskräfte werden damit neue Anforderungen gestellt. Mit unserem Verständnis von Wandel und Veränderung durchdringen wir den vermeintlichen Dschungel vom Zusammenspiel der Menschen, der Finanzen, der Technik und der Abläufe. Damit werden die Aufgaben komplexer, machen aber auch mehr Sinn, weil Scheuklappen und Einengungen wegfallen.

Management, Führungsprinzipien und Widersprüche

1. Bedeutet Führung Verantwortung und Kontrolle? Die wichtigste Klärung bezüglich Führung ist die Frage nach der Kompetenz, der Durchführung, der Verantwortung und der Kontrolle. Wir wollen Verantwortung delegieren und Selbständigkeit erreichen, behalten aber die Kontrolle. Konflikte und Entmutigung sind vorprogrammiert. Die Mitarbeitenden identifizieren sich nicht mit dem Job. Sie glauben der Führung nichts. Sie sagen nicht, was man besser machen könnte. Sie haben keine oder nur wenig Kontrolle über ihre Arbeit.

2. Gibt es einen Unterschied zwischen Managern und Führern? Management wird als Bewältigen von komplexen Anforderungen angesehen. Im Unterschied dazu soll Führung Menschen bewegen und Wandel ermöglichen. Aus diesem Denken entsteht die Aufgliederung des Managements im Unternehmen in Manager und Führer. Sind wir also auf dem Wege, neue Spezialisten zu entwickeln? Nein, wir brauchen keine neuen Spezialisten, denn es geht um das Zusammenspiel aller Einheiten, um den Umgang mit Finanzen, Technik, Handel und um die Gestaltung der Beziehungen, ob zu Mitarbeitenden, Kunden oder Lieferanten. Nur die Vernetzung der Themen sichert den langfristigen Unternehmenserfolg.

3. Bedeutet Hierarchie Macht? Viele Führungstrainings beschäftigen sich damit, Führung härter oder weicher zu gestalten, Hierarchie mit oder ohne Repressionen zu formen, Aufgaben mit mehr oder weniger Abhängigkeiten auszustatten. Die Diskussion hat oft politische und weltanschauliche Dimensionen. Der Wunsch ist spürbar: Wie kann ich Einfluß und Entscheidungsbefugnis gewinnen und halten, ohne Macht auszuüben? Es bedarf einer deutlichen Klärung: Wo liegt die Verantwortung? Sonst bedeutet Macht nicht Verantwortung, sondern Kontrolle.

Ein klares Wort an dieser Stelle. Noch zu viele Manager denken in zwei Klassen: während sie für sich selbst Freiräume in Anspruch nehmen, glauben sie, ihre Mitarbeitenden wünschen sich Anweisung und Verhaltensvorgaben. Das Gegenteil ist der Fall: Mitarbeitende mögen es nicht, wenn ihnen fortwährend in ihre Aufgaben reingeredet wird, wenn sie unselbständig arbeiten müssen, der Kontrolle unterliegen und Vorgesetzte haben, die alles besser wissen. Ist es aber so, dann ist es Mitarbeitenden allerdings lieber, klare Anweisungen zu bekommen, als ständig subtil bevormundet zu werden: „Bitte machen Sie selbständig das, was ich von Ihnen möchte!"

Führungskompetenz

Führungskompetenz hat vielfältige Facetten: sie zeigt sich in der Sache, in der Um- und Weitsicht, in dem Mut, etwas zu wagen, oder in der Gelassenheit, etwas zu lassen. In der Zusammenarbeit braucht es vor allem soziale Kompetenzen, nicht nur Fachwissen. Soziale Kompetenz bewerten wir meistens nach Selbsteinschätzung. Sie zeigt sich aber vor allem in der Bewertung von Mitarbeiterinnen und Mitarbeitern, Kollegen und Vorgesetzten. Führungskompetenz besitzt man nicht als Eigenschaft, sondern sie entsteht und erhält sich in der Zusammenarbeit mit Menschen. Somit ist es wenig nützlich zu fragen: „Habe ich Führungsfähigkeiten oder habe ich sie nicht?“, sondern: „Wie nehme ich meine Führungskompetenz

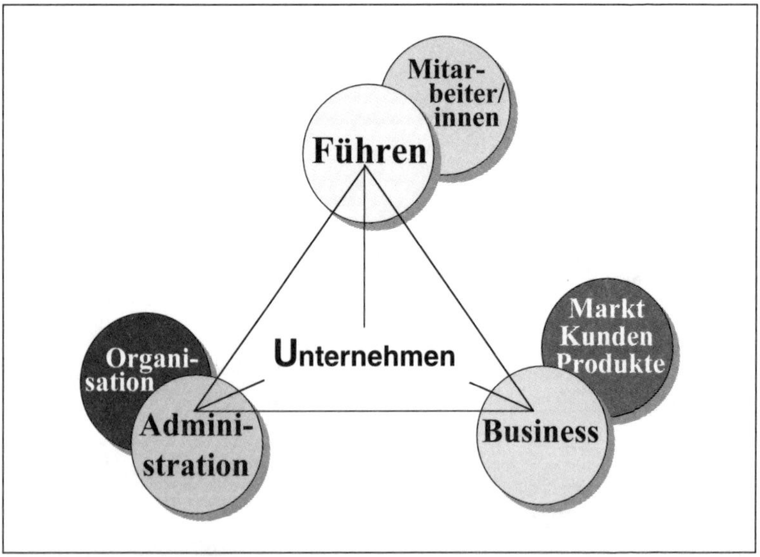

Aufgaben von Führungskräften

wahr, worin zeigt sie sich, mit wem und in welchem Kontext gelingt es mir besser oder schlechter?“

Zur Führungskompetenz gehören folgende Fähigkeiten:

- zu koordinieren
- Innovation zu fördern
- Prozesse zu gestalten
- Kooperation zu fördern
- Streß und Konflikte zu managen
- für die eigene Überzeugung einzustehen
- Interessenunterschiede auszublancieren

> Die Fähigkeit zu koordinieren:
>
> - Zuständigkeiten und Verantwortungen nach innen und außen klären und regeln
> - Freiräume schaffen

Die Fähigkeit zu koordinieren ermöglicht, die Ressourcen an Material, Zeit und Kompetenz in ein Zusammenspiel zu bringen, zu ergänzen und auszugleichen. Führen bedeutet somit, Aufgaben zu stellen, Zuständigkeiten und Verantwortungen zu regeln und Freiräume zu schaffen, die selbstverantwortliches Handeln erlauben. Damit werden Abgrenzungen und Zusammenarbeit geklärt. Es werden Regeln für gemeinsames Arbeiten in Projekten aufgebaut, erhalten und wieder aufgelöst, je nach den Notwendigkeiten und Wirkungen. Damit **koordiniert** ein Manager Führungsaufgaben und gibt die Verantwortung an die beteiligten Prozeßeinheiten ab.

Die beteiligten Prozeßeinheiten wiederum klären ihre Regeln der Zusammenarbeit bezüglich Autonomie, Kooperation und Koordination. Durch die Führung werden die Voraussetzungen für den Wandel von Fremdbestimmung zur Selbstorganisation geschaffen. Individuelle Fähigkeiten der Mitarbeitenden sind zu fördern, sie erfahren ihre Begrenzung in der Abstimmung mit anderen und in der Ausrichtung auf die gemeinsame Aufgabe.

Die Fähigkeit, Innovation zu fördern:

- Feedback und Reflexion der Mitarbeitenden gewährleisten und unterstützen
- Freude an der Arbeit und Eigenverantwortung fördern
- Vorbildfunktion wahrnehmen
- glaubwürdig handeln

Die Fähigkeit, Innovation zu fördern, hilft dem Unternehmen, sich auf fortlaufende Verbesserung auszurichten und die Voraussetzungen dafür zu schaffen. Was sind die Zauberkräfte, die das Unternehmen auf die Zukunft einstellen? Schon heute und noch mehr in der Zukunft wird die Arbeitszeit als Lebenszeit mehr und mehr Bedeutung erlangen. Dann wird die Freude an der zu leistenden Aufgabe, die Herausforderungen und die Eigenverantwortlichkeit als Triebfeder für Leistungsbereitschaft und nicht die Pflicht zur Leistung im Vordergrund stehen. Lernen durch Handeln, Lernen aus Fehlern, Lernen aus Unterschieden benötigt Austausch von Informationen innerhalb und außerhalb der eigenen Organisation. Im Tagesgeschäft wird die notwendige Zeit für den Informationsaustausch häufig als zu aufwendig angesehen und deshalb vermieden oder zurückgestellt. Darin zeigt sich oft genug das Unvermögen von Managern, Komplexität zu gestalten und zu ordnen oder der verdeckte Widerstand gegen möglichen Wandel. Wer das Tagesgeschäft als wichtiger ansieht und der Reflexion und den Feedbackschleifen überordnet, wird weder Zeit dafür finden noch sie anderen einräumen. Wer der Kontrolle mehr Aufmerksamkeit widmet als der offenen Diskussion, wird keine Innovation ermöglichen. Lernunterstützung bedeutet, zu experimentieren, Fehler zu machen, zu überprüfen und

Konsequenzen zu ziehen. Es ist die Lernfähigkeit und die Sensibilität für Neues, die das Unternehmen auf die Zukunft vorbereiten.

Entscheidungen für die Zukunft des Unternehmens lösen oft Instabilitäten aus und führen zu chaotischen Phasen. Sie sind die Investments auf zukünftige Ziele und den Erfolg des Unternehmens. Wer neue Wege sucht, muß die Dinge in Frage stellen, querdenken und selbst Autoritäten und modischen Strömungen entgegentreten. Erfahrungen sind die Fehler der Vergangenheit. *Der Perfektionszwang verhindert das Sammeln von Erfahrungen und die Entfaltung der Kreativität.* Die Zukunftsgestaltung braucht Freiheit zur Entwicklung und, wie E. Laszlo es ausdrückt, bedarf der „Selbst-Lern-Potentiale". Mit diesen Potentialen kommt die Entwicklung verschiedener kleiner, parallel-gezielter Aktionen in Gang, von denen jede die Möglichkeit zum Erfolg in sich trägt. Eine oder eine Anzahl dieser Aktionen bringt es auf den Punkt und erzeugt einen größeren und andauernden Erfolg. Manager müssen dieses als ihre elementaren Aufgaben ansehen. Sie müssen die Prozesse dafür vorbereiten und die Wege ebnen. Ständig zu lernen, zu absorbieren und weiter zu verbessern ist der unbequeme Weg und bedarf der besonderen Ausrichtung und Unterstützung durch das Management.

Die Fähigkeit, Prozesse zu gestalten:

- ganzheitliches Denken und Handeln einführen
- Prozesse zusammenfassen und Ziele definieren
- Prozeßbeteiligte permanent einbeziehen
- Verantwortung auf die Prozeßeinheiten übertragen

Die Fähigkeit, Prozesse zu gestalten, verlangt die Abkehr von traditionellen Vorgehensweisen: weg vom Wenn-dann-Prinzip zur Erfassung von Zusammenhängen. Wenn wir über Prozesse, Prozeßeinheiten und Prozeßziele nachdenken, dann gehören *alle*

Menschen im Unternehmen diesen Prozessen an. Die aufeinander aufbauenden und voneinander abhängigen Teileinheiten verlangen von Managern, vernetzt zu denken. Gesamtprozesse werden nicht analytisch und reduktionistisch in Teilsysteme oder Komponentenvielfalt unterschieden, aufgelöst und verteilt. Die Aufgabe heißt: Welche Prozesse lassen sich für ein übergeordnetes Prozeßziel zusammenfassen? Es müssen Ordnungen geschaffen werden, wo nicht sequentiell, sondern parallel gearbeitet wird. Damit werden das Umfeld und die möglichen Prozeßbeteiligten in das Handeln einbezogen und nicht nur informiert. Was ist davon zu halten, wenn bei einer Produktentwicklung der Einkauf Monate, manchmal Jahre nach der Arbeit der Konstruktion dieser mitteilen muß, daß die eingeplanten Teile auf dem Markt zu teuer oder nicht erhältlich sind und deshalb speziell gebaut werden müssen? Die Absprache kommt zu spät. Wertvolle Zeit, Kreativität und Kraft gehen verloren, und es kostet jede Menge Geld.

Abteilungsdenken und mangelnde interne Unternehmenskommunikation sind Barrieren, die das Zusammenarbeiten über Abteilungsgrenzen hinaus unzulässig erschweren. In traditionell geführten Unternehmen wird der Erfolg von Abteilungen belohnt und führt deshalb zu konkurrierenden Königreichen und Fürstentümern, die dafür sorgen, daß nicht miteinander, sondern eher gegeneinander oder unabhängig voneinander gearbeitet wird. Das erkennt man daran, daß der gemeinsame Kunde so bedient wird, als ob mehrere Unternehmen für ihn tätig wären. In der Konsequenz beklagen sich die Kunden, daß im Unternehmen der eine nicht weiß, was der andere tut.

Um die internen Prozesse der Zusammenarbeit zu verbessern, spricht man deshalb gerne vom „internen Kunden“. Diese Metapher soll helfen, sich gegenseitig nicht schlechter als die externen Kunden zu behandeln und nicht nur die eigenen, sondern auch die Probleme der Kollegen zu lösen helfen, sind sie doch Teil der Prozeßkette zum externen Kunden und damit erfolgsentscheidend. Die neue Regel heißt, unternehmensinterne vor- und nachgeordnete Beziehungen als „Kunden-Lieferanten-Beziehung" anzusehen. Manchmal lenkt diese Beschreibung davon ab, daß kein Denken für den Gesamtprozeß vorhanden ist. Aufmerksam müssen wir Symptome erkennen, die darauf hinweisen, wo es in der Organisation daran krankt. Wir brauchen die Ausrichtung aller beteiligten Mitarbeitenden auf den Kunden, die Leistung und das Produkt. Dazu braucht es klar strukturierte Prozeßketten mit übergeordneten Prozeßzielen.

> Die Fähigkeit, Kooperation zu fördern:
>
> - Zeit für Gespräche zur Verfügung stellen
> - Austausch und Zusammenarbeit fördern
> - Unterschiede und Kräfte ausbalancieren

Die Fähigkeit, Kooperation zu fördern: Wer zusammen arbeitet, muß sein Denken und Handeln aufeinander einstellen, zuhören und sich abstimmen. Das geschieht im konkreten Miteinander. Bevor man sich an die Arbeit macht, ist es wichtig, sich mit den Partnern und Mitarbeitenden vertraut zu machen. Würde man sich als Bergsteiger an ein Seil hängen, das von Menschen gehalten wird, die man nicht kennt? Manager müssen die Verantwortung für die Kontakte übernehmen. Sie verantworten die Gestaltung und stellen Zeit dafür zur Verfügung, weil sie wissen, daß dadurch Zeit gespart wird. Dieses Investment schafft die Voraussetzung für ein Wir-Gefühl, das Teamwork unterstützt. Durch guten Kontakt werden die Voraussetzungen zur gegenseitigen Information und Kommunikation gegeben. Gute Kontakte ersparen langwierige Informationswege.

> Die Fähigkeit, Streß und Konflikte zu managen:
>
> - Problem und Beteiligte herausfinden
> - Problemlösung auf die richtige Ebene bringen
> - für faires Streiten eintreten
> - den Konsens suchen

Die Fähigkeit, Streß und Konflikte zu managen: Zusammenarbeit funktioniert nicht ohne Konflikte. Das Fehlen von Konflikten ist ein Zeichen für schlechte Beziehungen, weil Unterschiede nicht auftreten, nicht bemerkt werden oder nicht ansprechbar sind. Es ist ein gutes Zeichen für vorhandenes Konfliktmanagement, wenn Konflikte gelöst werden können, ohne daß dabei Schuldgefühle, Kränkungen oder Scham entstehen. Wenn persönliche Interessen nicht durchgesetzt werden können, weil sie an die Grenze der Autonomie stoßen, werden gerne Dritte hinzugezogen. Manager, ausgestattet mit Lebenserfahrung und sozialer Kompetenz, lassen sich darin nicht verwickeln. Sie helfen, das Problem zu charakterisieren, die Beteiligten herauszufinden und auf die Ebene zu bringen, die es lösen kann. Sie setzen sich dabei unparteiisch für faire Spielregeln ein. Sie ziehen die Entscheidung nicht an sich, wenn nicht gleich eine Einigung in Sicht ist. Konfliktvermeidung durch Abwiegeln, Vertrösten, Appellieren ist keine Lösung; es verdeckt Interessenunterschiede, die dann die Lösung auf indirekten und undurchsichtigen Wegen suchen. Wer sich als Manager klar und eindeutig verhält, handelt vorbildlich.

Unter Zeitdruck, größerer Anforderung und bei großen Differenzen kommt es zu Streßreaktionen, die sich emotional äußern und entladen können. Hier ist Vorsicht geboten: Menschen unter Streß reagieren mit lebenslang antrainierten und instinktgesteuerten Reaktionen, je nach dem, wie sehr sie sich bedroht fühlen. Um Eskalationen zu vermeiden, genügt manchmal eine Veränderung der Rahmenbedingungen. Es ist gut, ein paar Strategien zu kennen und trainiert zu haben. Jede Sportart braucht Training, um aus dem Stadium des Anfängers zum Fortgeschrittenen zu kommen. Stellen wir uns vor, Manager würden bezüglich ihrer sozialen Kompetenzen wie beim Golf mit einem „Handicap" ausgestattet sein. Es würde ausdrücken, wie geschickt und erfolgreich sie sind, aber auch, wieviel Training sie für das erfolgreiche Spiel aufwenden.

Bestimmt würde dann sehr viel mehr Zeit in das soziale Management investiert, da es sich nicht nur im direkten Erfolg, sondern auch im persönlichen Prestige auszahlen würde.

> Die Fähigkeit, für seine Überzeugung einzustehen:
>
> - kongruentes Verhalten
> - Bewußtsein über das eigene Denken, Fühlen und Handeln
> - Austausch, Reflexion und Training
> - Risikobereitschaft, Ausdauer und Intensität

Die Fähigkeit, für seine Überzeugung einzustehen, sollte in demokratischen Gesellschaften allen Menschen möglich sein. „Ja" zu sagen, wenn man „nein" meint, ist falsch. Für Menschen in führenden Positionen und Aufgaben ist das Eintreten für Überzeugungen eine Tugend.

Was von Managern verlangt wird, ist die Übereinstimmung ihres Redens und ihres Tuns, daß das, was sie heute sagen, auch morgen noch gilt. Dies wird wunderbar in dem englischen Motto „Walk the talk" ausgedrückt. Wichtig hierfür ist ein hohes Bewußtsein seiner selbst: mir klar zu sein über das, was ich sehe, was ich denke, was ich höre, was ich fühle und was ich bewege, um es nach meinen besten Kräften zu nutzen. Ob Sagen und Verhalten übereinstimmen, erkennen Mitarbeiterinnen und Mitarbeiter, Kollegen und Kunden bald. Ob Manager befehlen oder zum Dialog fähig sind, ob sie nur kritisieren oder auch Kritik anderer zulassen können, ob sie zur Zusammenarbeit bereit sind oder ob sie einsame Entscheidungen treffen, stellen sie täglich unter Beweis. Viel zuwenig nehmen sich Manager Zeit, sich ihr eigenes Denken und Handeln bewußt zu machen, Beziehungen zu reflektieren oder gewünschte Verhaltensweisen zu trainieren. Um so größer ist die Gefahr, immer mehr zu vereinsamen, weil der Austausch fehlt und eine natürliche Überprüfung nicht stattfindet. Dabei geht oft das Zutrauen zu den eigenen

Erkenntnissen und die Fähigkeit, dafür einzutreten, verloren. Dann entsteht die Gefahr, für kurzfristige Erfolge das Fähnchen nach dem Wind zu hängen. Es braucht Risikobereitschaft, für Veränderung und Wandel einzutreten, bei Turbulenzen Ausdauer zu zeigen und sich nicht irritieren zu lassen.

Interessengegensätze auszubalancieren ist Aufgabe des gesamten Managements:

- Ressourcen ausgleichen
- Herausforderungen stellen
- Kräfte auf ein gemeinsames Ziel ausrichten
- Werte schaffen

Die Fähigkeit, Interessengegensätze auszugleichen, ist die Aufgabe des gesamten Managements. Zukünftiges Wirkungsprinzip von Managern wird es sein, in den Hauptströmen des Unternehmens Veränderung zu ermöglichen, Gleichgewicht der Ressourcen zu schaffen, Herausforderung zu gewährleisten und Verantwortung zu übertragen. Dies muß als gemeinsame Managementaufgabe bewältigt werden. Um den Unternehmenserfolg zu sichern, um Qualität und Produktivität zu steigern, um Aktionärszufriedenheit zu garantieren und um Kundennutzen und Mitarbeiterzufriedenheit zu erhöhen, müssen die Menschen im Unternehmen zur Zusammenarbeit gewonnen werden. Für diese Aufgabe braucht es nicht nur Führungspersönlichkeiten, sondern ein Management, das sich auf Zusammenarbeit versteht und sich mit den Mitarbeitenden auf ein Ziel konzentrieren kann. Nichts ist frustrierender für Mitarbeiterinnen und Mitarbeiter als ein Management, das Zusammenarbeit predigt und selbst nicht miteinander umgehen kann. Die Konsensfähigkeit im Management wirkt sich spürbar auf alle anderen Beziehungen im Unternehmen aus. Das Management entwirft die Zukunft, setzt Impulse und löst die sich ergebenden Widersprüche.

Mit Coaching die Führungskultur verändern

Jedes Unternehmen hat eine spezifische Führungskultur. Diese wird gebildet aus der Gesamtheit der Führungskräfte, ihren Überzeugungen, ihren Erfahrungen und Gewohnheiten und ihren täglichen Verhaltensweisen. Die Führungskultur zeigt sich besonders im konkreten Vorgehen, denn dort sind die Mitarbeitenden davon betroffen. Obwohl nun individuelle Führungskräfte durchaus unterschiedliche Ideen und Überzeugungen haben, bildet sich im Unternehmen doch eine Art Resultante, eine Gesamtströmung, die von Unternehmen zu Unternehmen verschieden ist. Diese Kultur kann man fast „riechen", wenn man als Unternehmensfremder dort zu tun hat. Sie ist in einem bürokratischen Betrieb sicher anders als in einem modernen Unternehmen, das Coaching, Teamentwicklung und Prozeßmanagement eingeführt hat.

Mit Coaching als Haltung, Führungskonzept und Führungsverhalten wird die Kultur entscheidend verändert. Coaching setzt auf eigenständige und hochmotivierte Mitarbeiterinnen und Mitarbeiter, für die sich die Chefinnen und Chefs als Dienstleister verstehen. In den folgenden Kapiteln werden Philosophie, Konzepte und Methoden des systemischen Coaching-Ansatzes vorgestellt und ausgeführt. Ein Unternehmen, das über eine entsprechende Schulungsmaßnahme den Coaching-Ansatz einführt, verbessert die Mitarbeiterzufriedenheit, die Kundenzufriedenheit und das Unternehmensergebnis. Dieses Unternehmen kann flexibel und schnell auf externe Veränderungen reagieren und hat bei Innovationen „die Nase vorn".

Was will Coaching?

Welche Hinderungsgründe gibt es für ein Unternehmen, das Potential seiner Mitarbeitenden besser zu nutzen? Fragen Sie einmal Kollegen und Mitarbeiterinnen, wieviel ihres persönlichen Potentials ihre Organisation nutzt und wofür sie ihrer Meinung nach bezahlt werden.

Umfragen haben ergeben, daß die Fähigkeiten der Mitarbeiterinnen und Mitarbeiter nur bis zu 30 Prozent eingesetzt werden. Die Nutzung des Kopfes, was Einfallsreichtum, Kreativität und neue Lösungen betrifft, ist häufig der Spitze des Unternehmens vorbehalten.

Coaching heißt nicht:

- kommandieren, fordern, instruieren oder überreden,
- über Anordnungen und Druck bestimmte Leistungserbringungen zu erzielen oder zu erzwingen und
- über Manipulationen den Willen des Chefs zum Wunsch der Mitarbeiterinnen und Mitarbeiter zu machen,

sondern:

Coaching will die Potentiale aller Mitarbeiterinnen und Mitarbeiter auf allen Stufen entfalten, damit sie ihre Leistungen maximieren können. Coaching bedeutet, daß die Chefinnen und Chefs in der Wahrnehmung ihrer Führungsaufgaben und in der täglichen Arbeit den Umgang mit ihren Kolleginnen und Kollegen so gestalten, daß sie ihre Potentiale erkennen, erweitern und somit ihre Leistungsfähigkeit erhöhen können.

So verstanden und eingesetzt,

- fördert Coaching Kommunikation, Teamentwicklung und Zusammenarbeit,
- unterstützt Coaching die persönlichen Entwicklungsprozesse,

- verbessert Coaching das Klima und die Unternehmenskultur,
- fördert Coaching Eigenverantwortung und Unternehmertum.

Indem sich die Coaching-Maßnahmen auf die in der Kultur festgelegten Werte stützen, stehen sie im Einklang mit den Unternehmenszielen und fördern deren Umsetzung. Dies ist ein Feld, wo sich neues Denken und das Aufrechterhalten alter Strukturen aneinander reiben und hohe Erwartungen an die Führungsaufgaben und das Führungsverhalten von Chefinnen und Chefs gestellt werden.

In vielen Unternehmen werden widersprüchliche Anweisungen an Führungskräfte gegeben. Einerseits will man die durchsetzungsstarke „Führungspersönlichkeit“ und andererseits den „Coach“ und „Berater“. Dies zeigt sich in sich gegenseitig aus-

Wesen des Coaching

schließenden Anforderungen, zum Beispiel: „Setz Dich durch!“ und „Begleite und unterstütze!“. Einzelverantwortung in der hierarchischen Führung heißt auf Anweisungen warten. Das führt nicht zum Mitarbeiter als Mitunternehmer. Coaching dagegen schafft Mitunternehmende, wenn das Erfolgserlebnis der Mitarbeiterinnen und Mitarbeiter wichtiger ist als das des Chefs und der Chefin.

Die Führungspersönlichkeit als Coach

Dieser Begriff wird dem Training von Spitzensportlern entliehen und hat dort ganz andere Konsequenzen als in den Unternehmen. Im Sport wird der Begriff verstanden als: der Coach trainiert, berät, begleitet seinen Schützling und versucht, dessen Leistungen optimal zu verbessern. Der Coach hat Erfahrung im Feld, er ist Experte und Praktiker zugleich und beherrscht das Geschäft der psychologischen, strategischen und didaktischen Unterstützung perfekt. Der Sportler vollbringt eine Leistung, die es zu verbessern gilt. Der Coach fühlt sich der Leistungssteigerung seines Schützlings verpflichtet. Sieg oder Niederlage werden an den Coach gekoppelt. Verbessert sich der Sportler nicht, trennt er sich von seinem Coach, weil dieser seine Kompetenzen nicht zu steigern vermochte.

Die Führungspersönlichkeit als Berater

Eine andere Metapher moderner Führung ist die der Führungspersönlichkeit als Berater. Auch dieser Begriff kommt aus einem anderen Wirkungszusammenhang. Der Berater verhilft seinem Klienten zu Einsichten und Erkenntnissen über sich selbst, seine Lebens- und Arbeitsorganisation und seine Beziehungen. Im Unterschied zum Coach fühlt sich der Berater nicht direkt für die Veränderung verantwortlich. Gleichwohl er durch die Beratung an der Umsetzung mitwirkt und für die

Selbsterkenntnis des Klienten und dessen Ideenfindung zuständig ist, liegt die Durchführung der Veränderungen bei dem Klienten selbst. Verbessert sich die Situation des Klienten nicht, wird der Berater die Probleme dem Unvermögen oder der Nichtentschiedenheit seines Klienten und nicht seiner Beratung anlasten.

Ganz anders die Regel, wenn der Manager versucht, seine Führungsaufgabe in der Rolle als Coach oder Berater wahrzunehmen. Wenn er versagt, dann trennt der „Coach oder Berater“ sich von Mitarbeitenden oder vom Team oder lastet ihnen das Versagen an, weil sie seinen Anforderungen nicht entsprechen. Die Verantwortung für das Mißlingen wird auf die nächstniedrigere Hierarchieebene abgeschoben.

Nicht selten wird aufgrund dieses Widerspruchs viel Unheil angerichtet, und junge motivierte Manager werden verwirrt und Mitarbeitende frustriert. Das Ergebnis ist den meisten Mitarbeiterinnen und Mitarbeitern bekannt: Die Rückkehr zur alten, autoritären Gangart. Diese Manager sind selbst nicht überzeugt und sind auch nicht überzeugend. Durch mangelnde Ausbildung wurde das neue Verhalten nur unzureichend gelernt. Bei den ersten Schwierigkeiten wird nur allzu gerne auf Althergebrachtes zurückgegriffen. Der tiefere Sinn dieses Verhaltens ist vor allem die Angst vor Kontrollverlust.

> *Das Motto „Vom Chef zum Coach“ widerspricht grundsätzlich dem hierarchischen Prinzip von Führung und verlangt deshalb nach neuen Organisationsformen.*

Sich vom Chef zum Coach zu wandeln bedeutet, mit seinen Mitarbeiterinnen und Mitarbeitern gänzlich anders umzugehen. In der Abbildung „Die Führungspersönlichkeit“ wird deutlich, welche Anteile einer Persönlichkeit bei diesem Entwicklungs- und Lernprozeß einbezogen werden müssen: Die Konzepte müssen klar sein und als „innere Haltestange“ eine Anleitung für alle Situationen des Führungsalltags bieten kön-

Die Führungspersönlichkeit

nen. Im Idealfall kann man zu jeder Zeit die handelnde Person fragen: „Wie begründest du dein jetziges Vorgehen, welches Ziel verfolgst du und wie kommt es, daß du dich für diese Methode entschieden hast?“ Und bei klaren und integrierten Konzepten kann dies auch entsprechend begründet werden. – Alle Konzepte helfen jedoch nichts, wenn sie nicht der Haltung und den inneren Werten der Person entsprechen. Nichts ist schwerer, als gegen die innere Überzeugung zu handeln. Daher wird in diesem Buch großer Wert auf die Darstellung der Philosophie des Coaching-Ansatzes gelegt. Last, but not least kommt es auf die Wahl der Methoden und Techniken an. Weiterbildungsteilnehmerinnen und -teilnehmer wünschen sich oft „schnelle Techniken“, um in ihrer Praxis erfolgreicher zu sein. Dieser Wunsch ist gerechtfertigt, und in diesem Buch werden daher umfangreiche Methoden und Techniken dargestellt, dennoch – sie müssen mit den Konzepten und Werten in Übereinstimmung stehen. Methoden und Techniken müssen immer wieder eingeübt werden, denn „eine Mücke macht noch keinen Sommer“, und eine einmal versuchte Vorgehensweise ergibt noch keine Routine. Besonders wichtig ist die Art der Kontaktaufnahme. Dieses Thema zieht sich wie ein roter Faden durch das gesamte Buch: „Kontakt und Begegnung“ enthält die Basisparameter jeglicher Beziehungsgestaltung und bietet insofern den Rahmen, in dem Coaching stattfindet. Je mehr eine Kontaktaufnahme gleichzeitig die Qualität einer Begegnung hat, desto besser sind die Voraussetzungen für eine erfolgreiche Kooperation.

Aber selbst ein erfolgreiches Coaching ist kein Selbstzweck. Die Qualität als Coach zeigt sich für das Unternehmen in der Mitarbeiterzufriedenheit und im Kundennutzen. Menschen machen ein Unternehmen zu dem, was es ist und sein kann. Die Verantwortung für das Verhalten in den Beziehungen liegt bei allen Beteiligten, unabhängig von Rolle und Funktion. Hierbei beeinflußt das Umfeld mit seinen Personen, Verhaltensweisen, Anschauungen und Werten das Beziehungsverhalten entscheidend mit.

Neue Formen der Zusammenarbeit, die auf Abläufe bezogen sind (zum Beispiel in cross-funktionalen/virtuellen Teams), verlangen nach mehr Eigenverantwortung und Eigeninitiative. Das Führungsverhalten hat sich deshalb entscheidend zu verändern. Integrative Prozesse brauchen Entschiedenheit in der Unternehmensführung und ein hohes Engagement der Mitarbeiterinnen und Mitarbeiter. Die Verantwortung der Mitarbeitenden ist groß, wenn sie einbezogen, gefragt und beteiligt sind. Gerade durch die Beteiligung wird das Potential der guten Ideen für schnelle und griffige Veränderungen genutzt, die zum Erreichen kurzfristiger Ziele von größter Wichtigkeit sind. Es geht darum, Vorgehensweisen pragmatisch, effizient, kooperativ und direkt zu gestalten.

Systemisches Denken und Handeln

Systemtheorie ist das Wissen um Wechselwirkungen, Ergänzungsprozesse und gegenseitige Beeinflussung an Stelle von kausalen und linearen Zusammenhängen. Unser Interesse gilt den Strukturen und Funktionen, dem Verhältnis der Bestandteile innerhalb des Gesamtgefüges untereinander. Wir interessieren uns für Muster und Regeln in den Verhaltensabläufen und den Veränderungen von Systemzuständen.

Dabei geht es um den Austausch von Materie, Energie und Information. In einem bestimmten Geschehens-Feld werden dynamische Prozeßeinheiten geschaffen, die sich erhalten und wieder auflösen. In diesem Sinne ist ein System immer ein sich organisierendes Ganzes. Im systemischen Denken sprechen wir von Systemen statt von isolierten Objekten, die komplex und nicht linear miteinander verwoben sind. Wir erfassen Beziehungen statt dingliche Eigenschaften. Eigenschaften lassen sich

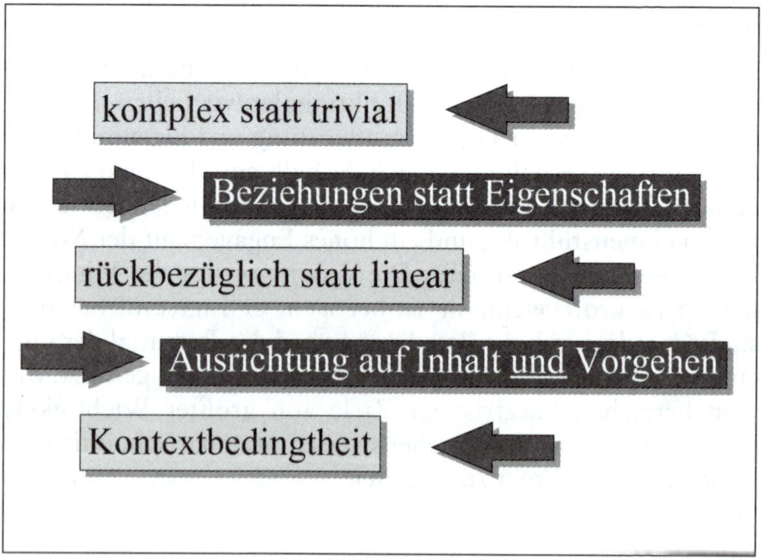

Grundkonzept systemischen Denkens und Handelns

nicht verändern und kleben oft wie unsichtbare und zugeschriebene Etiketten an Köpfen von Menschen „er/sie/es ist so“ statt „er zeigt im bestimmten Rahmen solches Verhalten“. Wenn jemand etwas „zeigt“, könnte er auch etwas anderes „zeigen“, und schon gibt es eine Chance für Veränderung. Rückbezügliche Prozesse treten an Stelle kausaler Erklärungen.

Beobachtungsstandpunkte

Beobachter beschreiben in der Regel ihre persönliche Sichtweise. Um eine Beschreibung für eine mögliche Erklärung zu vereinfachen, wird die beobachtete „Welt“ zerteilt, in Teilaspekte getrennt, oder bestimmte Teilaspekte werden ausgeblendet.

Der Beobachter entscheidet, was er als „System“ betrachten will und wo er dessen Grenzen setzt. Über das, was wir sehen, entscheidet zusätzlich noch der Standort, von dem aus wir beobachten. Viele Konflikte lassen sich vermeiden, wenn wir verstehen, daß die Beobachtung abhängig ist vom Standpunkt des Beobachters. Mißverständnisse, Differenzen und Unverständnis für die Argumentation der anderen sind fast immer durch den eingenommenen Beobachtungspunkt vorgegeben. Beschwert sich zum Beispiel ein Kunde, dann will er vor allem die Mängel behoben wissen. Es interessiert ihn nicht, welche Entschuldigungen das Unternehmen und die Mitarbeitenden vorzubringen haben, sieht er sie doch eher als Abwehr und Zurückweisung seiner Beschwerde. Die Mitarbeitenden ihrerseits werden Einflüsse, die sie selbst nicht zu verantworten hatten, in den Mittelpunkt der Argumentation stellen. Vorgesetzte sitzen zwischen den Stühlen von Kundeninteressen und der Loyalität zum Mitarbeitenden. Verlauf und Ergebnis eines Ereignisses sind jedoch nicht voneinander zu trennen, das Einnehmen unterschiedlicher Beobachtungsstandpunkte hilft, Konflikte nicht „hochzukochen“ und Lösungen statt Entschuldigungen zu finden.

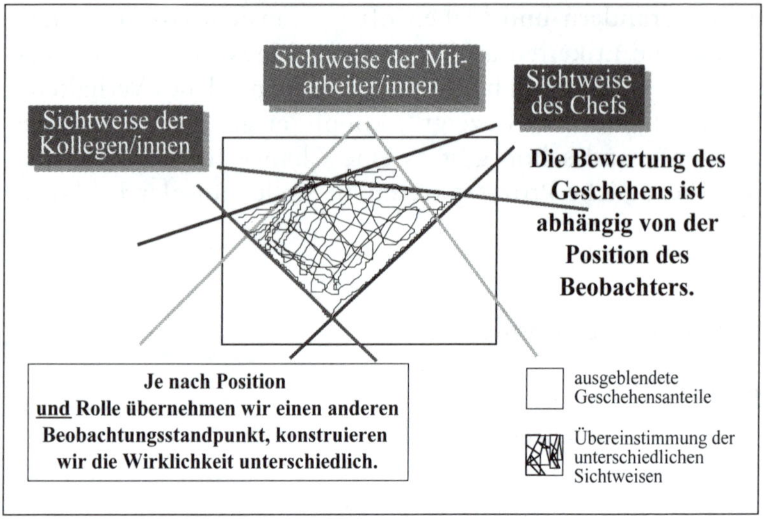

Die Konstruktion von Wirklichkeiten

Konstruktion von Wirklichkeiten

Entgegen dem heutigen Wissensstand sind wir eher noch im dualen Denken verhaftet: „Wenn/dann, entweder/oder, richtig/falsch, gut/böse, aktiv/passiv". Doch gefühlsmäßig erfassen wir bereits, daß „Wahrheiten" abhängig sind von den Menschen, die diese Wahrheiten sagen, von deren Erfahrungen, deren Konstruktionen über das, was sie sagen, den Beziehungen und dem Kontext, in denen sie gesagt werden und in dem sie ihre Bedeutung erhalten. „Wahrheiten" in diesem Sinne gibt es nicht. Im Coaching-Prozeß stoßen wir ununterbrochen bei uns und anderen auf duale Erklärungen, die wenig hilfreich sind. Wenn wir beispielsweise bei neuen Entwicklungen in der Kategorie richtig/falsch denken, werden wir keine Experimente zulassen. Experimente sind aber Optionen auf dem Wege zu besseren Lösungen und für Neuentwicklungen unbedingt nötig.

Chaos und Ordnung

Bei sehr ungeordnet erscheinenden Abläufen, Vorgängen oder Strukturen stellt sich bei gründlicher Betrachtung heraus, daß sie eine komplexe Ordnung besitzen. Bestimmte Abläufe, von denen man dagegen wohlgeordnetes Verhalten erwartet, zeigen unter bestimmten Voraussetzungen ein völlig chaotisch erscheinendes Verhalten. Das Fehlen chaotischer Beschaffenheit allerdings bedeutet nicht unbedingt einen gesunden Zustand, sondern oft den Beginn einer Erkrankung oder den Tod des Organismus. Diese Zusammenhänge beschreibt folgendes Zitat anschaulich: „Egal, ob Herzschläge pro Minute oder pro Stunde betrachtet werden – stets schwankt ihre Frequenz nach einem ähnlichen, unordentlichen Muster. Ordnung dagegen ist hier eine Vorbotin des Todes: Acht Tage vor einem Stillstand schlagen Herzen regelmäßiger. Und dreizehn Stunden vor dem Exitus verschwindet das chaotische Auf und Ab fast vollständig“ (Geo Wissen S. 139). Die Wirkungszusammenhänge werden durch verschiedene Parameter bestimmt: Je komplexer ein

Ein Frosch, der in einem Topf mit sich erwärmendem Wasser schwimmt, bemerkt die Temperaturerhöhung nicht und läßt sich ohne Gegenwehr kochen.

Coaching schärft die Wahrnehmung für die Veränderungsprozesse und die „Gebote der Stunde“.

Woran merken Sie, wann es Zeit für Veränderungen ist?

System, desto größer ist die Anzahl der Parameter. Mit diesen unabdingbaren Voraussetzungen zur Erkennung und Beschreibung von Verknüpfungen, von Beziehungen, Interessen, Einflüssen etc. bietet die Chaostheorie ein besseres Verständnis dafür, was in komplexen Systemen geschieht, sich ereignen kann und wie wir sie zur Veränderung anregen können. Für Führungsaufgaben ein wertvolles Wissen, da wir von der Chaostheorie lernen können, daß komplexe Systeme immer den Zufall enthalten und daß wir so viele unerwartete Wirkungen in einem komplexen Wirkgefüge vorfinden, daß eine starr durchstrukturierte Organisation eher den Tod als ein kreativdynamisches und lebendiges Gebilde bedeutet.

Ordnungen zerbrechen immer wieder ins Ungeplante, ins Chaos. Alle Ordnungen und Strukturen sind abhängig von Randbedingungen. Mögen diese sensitiven Abhängigkeiten noch so gering oder entfernt sein, können sie ein System doch völlig aus der bestehenden Ordnung werfen. Chaos bedeutet damit immer Unvorhersagbarkeiten. In Unternehmen vollziehen sich ständig „Unvorhersagbarkeiten", sowohl in Richtung Chaos als auch in Richtung Ordnung. Ordnungen und Chaos verstehen wir nicht statisch, sondern als dynamische Zustände, die von Ordnung zum Chaos und vom Chaos zur Ordnung wechseln, mal langsamer, mal schneller. Wenn wir diese Zusammenhänge verstehen und den Zufall in paradoxer Weise einplanen, dann wird Veränderungsmanagement kontrollierbarer.

Gerken (1994) legt diese Zusammenhänge in überzeugender Weise dar: „Man muß die Ordnung auf Zufall umschalten, weil Zufall und Überraschung die Kriterien für positive Instabilität sind" ... „Komplexe Systeme tanzen dauernd einen Tanz, der sie selbst überrascht, denn die Wechselwirkungen sind so stark untereinander gekoppelt, daß die Gesamtwirkung nicht mehr bloß durch additive Überlagerung der Einzelkräfte bestimmt ist" und: „Dynamische, soziale Systeme können nicht mehr mit starrem Management gesteuert werden. Sie sind wendiger und kreativer, als es der intelligenteste Plan sein könnte. Und sie sind kreativer und überraschender als es der beste Stratege ahnen könnte, sie sind permanent im Prozeß der Selbststeuerung."

Starre Strukturerhaltung, die sich gegen Veränderung stemmt, wird eher Konfusion erzeugen, als daß sie die Veränderung kontrollieren kann. Sie ist aber ein deutlicher Hinweis auf die Angst vor der Unkontrollierbarkeit. Mit brauchbaren Konzepten dagegen verlieren wir diese Angst.

Coaching als integraler Bestandteil jedes Veränderungsprozesses

Sowohl Menschen als auch Organisationen, die starr organisiert sind, können sich zwar zur Perfektion optimieren, kennen aber keine Wege für Veränderung und Entwicklung. Verbesserungen, zu denen uns der Wettbewerb zwingt, sind mit mehr desselben oft nicht zu erreichen, es braucht neue Lösungen. Produktivität, Kreativität und Selbstorganisation gehören zusammen, weil ständiger Wandel, zum Beispiel zur Verbesserung von Kundennutzen, nur gelingt, wenn alle Mitarbeitenden des Unternehmens sich verantwortlich fühlen und mit ihren Ideen daran beteiligt sind. Mitarbeiterinnen und Mitarbeiter brauchen nicht gestoßen oder gezogen zu werden, sondern sie bewegen sich selbst, durch eigenes Interesse und durch eigene Steuerung. So gesehen denken wir natürlich, daß Veränderungen leicht zu bewerkstelligen sind.

Doch wir alle wissen aus persönlichen Erfahrungen, wie schwerfällig sich Menschen verändern. Wir legen nur ungern die gewohnten Routinehandlungen ab, und selbst bei vorhandener Motivation gelingen die Veränderungsvorhaben nur selten. Je mehr wir von anderen zu Veränderungen aufgefordert oder sogar gedrängt werden, um so resistenter zeigen wir uns. – Andererseits können sich Menschen unter bestimmten Bedingungen oder bei besonderen Ereignissen überraschend und gravierend verändern. Die spannende Frage ist, wie und weshalb Veränderungen möglich sind. Was kann man konzeptuell und methodisch von diesen „plötzlichen Veränderungssprüngen" lernen? Wie können wir dies für beabsichtigte Veränderungen auch im Coaching nutzbar machen?

Zunächst sollten wir die durchaus nützliche Funktion bedenken, die unsere Resistenz gegenüber Veränderungsimpulsen hat. Wir stehen als biologische und soziale Wesen in einem dauernden Austausch mit unserer Umgebung. Ausgetauscht werden Informationen, Materie und Energie. Durch diesen Austausch sind wir ständigen Veränderungsimpulsen ausgesetzt. Würden wir jedem dieser Impulse sofort nachgeben, wäre es uns nicht möglich, eine Identität auszubilden. Unter diesen Aspekten ist die relative Stabilität von Personen und Organisationen ein lebensnotwendiges Phänomen, deren Kehrseite wir allerdings zu spüren bekommen, wenn wir zum Beispiel bei Mitarbeiterinnen und Mitarbeitern Veränderung und Bewegung erzeugen wollen.

Kernaussagen zu Wandel und Veränderung

„Wer Wandel erreichen will,
muß ihn vorleben."
Mahatma Gandhi

Stabile und labile Gleichgewichte

Soziale Systeme stehen in einem ständigen dynamischen Prozeß von Chaos und Ordnung. Trotzdem haben wir zu einem gegebenen Moment ein stabiles Fließgleichgewicht. Ein solches stabiles Fließgleichgewicht ist bei sozialen Systemen durch eine Wiederholung von Verhaltensmustern und Denk- und Sichtweisen gekennzeichnet. Diese (Fließ-)Stabilität läßt sich gut durch die Grafik „Modell einer hohen Stabilität“ veranschaulichen, die der Vektorgraphie entlehnt ist und auch als Metapher einen hohen Erklärungswert besitzt. Wir stellen uns eine Kugel vor, die am tiefsten Punkt einer Vase ruht. Stößt man die Kugel in der Vase an, so wird sie – als Ausdruck der Stabilität des Systems – nach kurzem Schwingen mit abnehmender Amplitude in dem fast identischen Ruhepunkt zum Stillstand kommen. Je nachdem, ob es sich um eine steile Vase oder flache Schale handelt, ist die Schwingung von längerer oder kürzerer Dauer.

Wollen wir uns in diesem Modell eine hohe Labilität veranschaulichen, so ruht die Kugel auf der Spitze eines Kegels.

Jeder noch so kleine Impuls führt zu einer großen Veränderung, die Kugel rollt den Kegelabhang hinunter und ist bezüglich des kommenden Ruhepunktes und der zukünftigen neuen Stabilität nicht zu kontrollieren. Dies veranschaulicht die Veränderungen in Sprüngen, die in der Regel plötzlich und unerwartet erfolgen

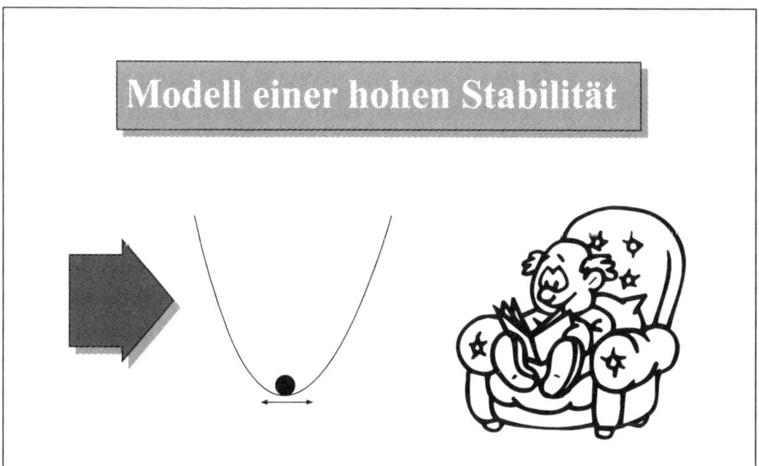

Konzepte für Veränderungsmanagement I

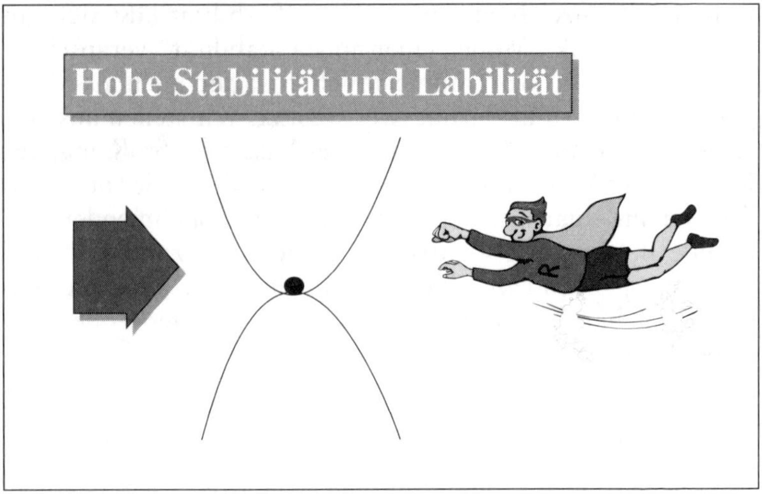

Konzepte für Veränderungsmanagement II

und mit denen man nicht gerechnet hat. – Diese plötzlichen Veränderungssprünge lassen sich am plausibelsten mit der Chaostheorie erklären: In den Randbedingungen eines Systems haben sich kleine, aber bedeutsame Veränderungen ergeben, die von den Beteiligten in ihrer Bedeutung nicht wahrgenommen wurden. Diese veränderten Randbedingungen führen in komplexen Systemen über diverse Rückkopplungsschleifen schließlich zu gravierenden Veränderungen (Stichwort: der Flügelschlag des Schmetterlings über China führt zu einer Veränderung des Wetters in New York).

Klappt man die Schenkel der beiden Kurven nach unten bzw. nach oben, so gelangt man schließlich zu einer Fläche, auf der die Kugel – falls die Fläche ohne Vertiefungen ist – ohne Widerstand jedem Veränderungsimpuls folgt. Eine Identität der Systeme und Personen wäre in diesem Fall nicht gegeben und ist insofern für soziale und biologische Systeme nicht denkbar.

Angemessener ist es, sich die „Stabilitätslandschaft“ einer Person oder eines Systems wie eine Spielzeuglandschaft mit ver-

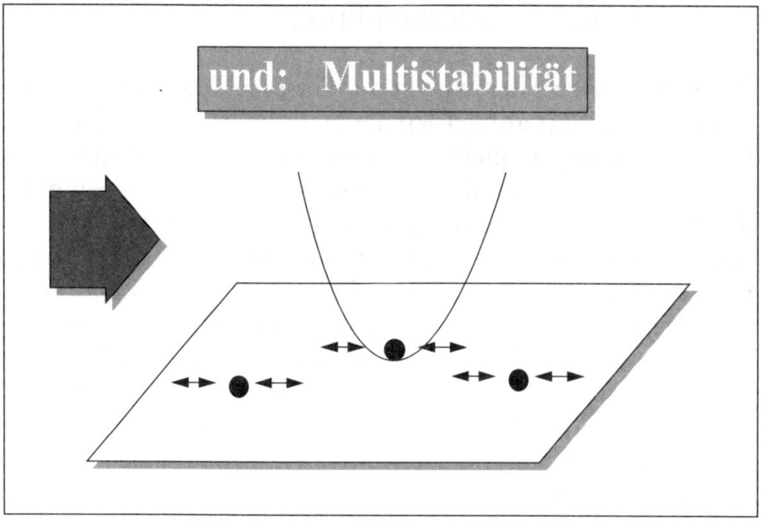

Konzepte für Veränderungsmanagement III

schieden tief ausgeprägten Hügeln und Tälern vorzustellen. Die besonders tief ausgeprägten Täler stellen die Attraktoren dar, die eine besonders hohe Stabilität aufweisen. Hier laufen die Verhaltensweisen mit einer hohen Wiederholung und Vorhersagbarkeit ab. Wir sprechen von „Trampelpfaden im Verhaltensfeld".

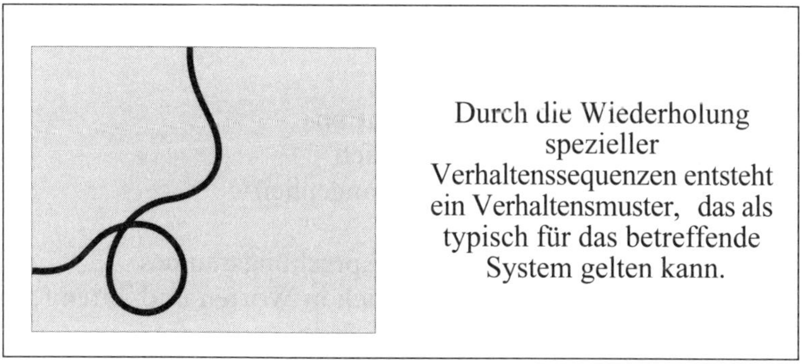

Der „Trampelpfad"

Veränderungen im Coaching-Prozeß

Beim Coaching treffen wir oft auf Personen und Teams, die eine hohe Stabilität aufweisen: die Handlungs- und Denk- bzw. Beurteilungsgewohnheiten sind enorm. Die Mitarbeiterinnen und Mitarbeiter sind meist seit vielen Jahren daran gewöhnt, ihren Arbeitsablauf in einer ganz bestimmten Art und Weise zu organisieren und zu gestalten (stabiler Attraktor, tiefes ausgefurchtes Tal in der Potentiallandschaft). Wie kann man diese Handlungs-, Denk- und Beurteilungsgewohnheiten ändern, wie kann man die Betroffenen „in Bewegung bringen"? Durch häufige Aufforderungen im Sinne von „Mach es so oder so" haben wir in der Regel die schlechtesten Erfolgsaussichten. Dieses methodische Vorgehen entspricht dem Versuch, die Kugel im Inneren der Vase „den Berg hinauf zu schaffen", eine Sisyphusarbeit. Nicht jede Bewegung bedeutet gleichzeitig Veränderung, sondern die aufgewandte Energie geht zum größten Teil in Kontolle und Überwachung! Geschickter wäre es – um in der Metapher zu bleiben – die Wände und Schenkel unserer Vase abzuflachen, so daß die Kugel leichter in Bewegung zu versetzen ist.

Dies geschieht am ehesten durch eine Veränderung der Rahmen- und Kontextbedingungen!

Als solche sind zu sehen:

- die Beziehungsgestaltung
- die Stimmung in der Organisation
- Vertrauen in den Chef als Coach
- die Erfahrungen aus der Vergangenheit
- Sicherheit des Arbeitsplatzes
- angenehmes Ambiente des Besprechungsraumes
- Kongruenz des Chefs als Coach in Worten und Taten („to walk the talk")

Schema der Veränderungsprozesse

Die Abbildung zeigt den Weg durch Veränderungsprozesse, die mit ihren „Dafür und Dagegen“ ambivalent erlebt werden. Wenn alle Beteiligten hochmotiviert sind, Veränderungen durchzuführen, dann sind Begeisterung, Aufregung, Zweifel und Einwände normale Bestandteile des Verlaufs. Wenn wir uns zum Beispiel zu einer Abenteuerreise entschließen, dann werden diese Anteile unsere Vorbereitung und Durchführung begleiten. Zweifel und Einwände lassen uns gewisse Sicherungen einbauen, Begeisterung und Aufregung geben uns den Mut zur Durchführung. In Unternehmen werden die Positionen der Begeisterung und Aufregung, des Zweifels und der Einwände häufig mit unterschiedlichen Personen besetzt, die dann oft in Auseinandersetzungen geraten und zur Spaltung neigen.

Überwiegen Begeisterung und Aufregung, können neue Wege beschritten werden. Wenn dagegen Zweifel und Einwände größer

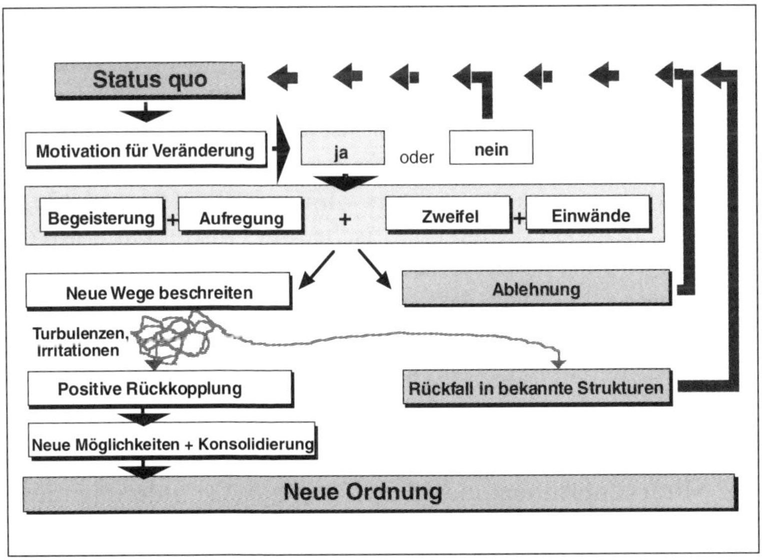

Veränderungsprozesse

sind, geht das System zurück zu alten Gewohnheiten und Mustern. Entscheidend für das positive Gelingen der Veränderung ist die Erkenntnis, daß Veränderung nicht ohne Irritationen und Turbulenzen geschehen kann. Wer in Abläufen, Strukturen, Hierarchien und Beziehungen Neuerungen einführt und mit eingeschliffenen Traditionen und Verhaltensweisen bricht, sollte diese Turbulenzen als Beweis der neuen, ungewohnten Verfahrens- und Veränderungsweisen begrüßen. Statt dessen wird zu diesem Zeitpunkt (vor allem von den bisherigen Zweiflern) schnell und laut nach dem alten, sicheren Zustand gerufen. Lieber zurück als in das ungewisse Neue! Jetzt sind Zutrauen und Leadership verlangt. Erst wenn die Phase der Turbulenzen durchschritten ist, die positiven und negativen Ergebnisse als Informationen zur positiven Rückkoppelung genutzt worden sind, Teilergebnisse reflektiert, Ziele angepaßt und konkretisiert wurden, Konsequenzen und Alternativen erprobt sind, kommt es zu neuen Möglichkeiten und Konsolidierungen. Erst danach erreicht man den neuen, gewünschten Status quo, der sich für eine Zeit erhält und von wo aus sich die Welt erneut verändern wird.

Unsere Konzepte systemischen Denkens und Handelns, der Chaos- und der Selbstorganisation sind Hilfen zum Eintritt in Freiräume, wo sonst die Angst vor Kontrollverlust Entwicklungen stört. Statische Zustände mit viel Kontrolle und Starrheit sind Illusionen und führen, ob wir wollen oder nicht, zu Chaos. Ebenso gestalten chaotische, unerwartete und unvorhersagbare Zustände eine neue Ordnung. Chaos und Ordnung sind eins. „Die Welt ist nicht, sie geschieht" (Cramer & Kaempfer, 1992). Wir tun so, als ob die Welt, während wir handeln, stehenbliebe. Das Gegenteil ist der Fall, im Handeln gestaltet sich die Welt.

Um einen Veränderungsweg beschreiten zu können, müssen die Mitarbeiterinnen und Mitarbeiter zur Veränderung motiviert sein. Ist das nicht der Fall, müssen wir zunächst über die Bedingungen für eine Motivationssteigerung nachdenken. In jedem Veränderungsprozeß ist es normal, daß sowohl Anteile von Begeisterung und Aufregung als auch von Zweifeln und Einwänden vorhanden sind. Überwiegen Begeisterung und Aufregung zusammen mit der Motivation zur Veränderung, so werden mit Hilfe der Coaches praktische Anleitungen zum Beschreiten neuer Wege bzw. zum Unterbrechen alter Wege erarbeitet. Werden die alten Verhaltensweisen verändert, kommt es bei den betroffenen Personen und ihrem Umfeld selbst bei großer Motivation in der Regel zu einer vorübergehenden Phase von Turbulenzen und Irritationen.

Diese kurze turbulente Irritationsphase gehört unabdingbar zum Veränderungsprozeß. Oft schrecken beteiligte Personen und besonders Verantwortliche davor zurück, weil sie diese Konsequenz und das damit einhergehende „Unkontrollierbare" befürchten. Mit konzeptueller Klarheit wird diese Phase jedoch bewußt angesteuert. Es ist ratsam, die Mitarbeiterinnen und Mitarbeiter darüber zu informieren, daß sich Unsicherheiten und Verwirrungen ergeben werden und daß diese unabdingbar zum Veränderungsprozeß dazugehören. Die Chefinnen und Chefs als Coaches unterstützen ihre Mitarbeiterinnen und Mitarbeiter im Durchgang durch diese Phase. Gehört man einem gemeinsamen System an, werden Coach und Mitunternehmende gleichermaßen davon erfaßt.

Werden die sich herausbildenden Veränderungen als positiv erlebt, so ergibt sich eine positive Rückkopplung mit entsprechender Verstärkung und Neuorganisation.
Change braucht Coaching:

- Im Veränderungsprozeß müssen die Mitarbeiter auf das Neue vorbereitet und kontinuierlich unterstützt werden.
- Durch Coaching werden sie durch die kritischen Phasen hindurch begleitet.
- Durch Coaching werden sie angeleitet, sich kontinuierlich zu überprüfen, neue Ziele zu entwickeln und deren Erfüllung zu überprüfen.

Selbstorganisation im Coaching-Prozeß

Die Selbstorganisationstheorie beschreibt, wie sich Gruppen und Systeme in Eigenständigkeit, eben „selbst"-organisieren. Dies ist beim Vorgehen in Coaching- und Teamentwicklungsprozessen besonders wichtig, denn das beste Coaching hilft nichts, wenn die betreffenden Manager später doch wieder in das Geschehen hineinregieren. Nach der Selbstorganisationstheorie herrschen in allen menschlichen Gruppierungen bestimmte Regeln und bestimmte sich wiederholende Verhaltensgewohnheiten. Diese werden durch sogenannte „Ordner" gesteuert. Ordner sind zum Beispiel physikalische Gegebenheiten wie Größe und Temperatur des Raumes oder Sitzordnungen. Es können aber auch Ideen wie eine Ideologie oder gemeinsame Ziele oder die Unternehmenskultur sein. Ebenso ist Zeit ein wichtiger Ordner. Bei einer Veränderung im Unternehmen werden diese Ordner verändert bzw. durch andere ersetzt. Nach der Selbstorganisationstheorie läuft jede Veränderung über eine Phase von Chaos, Turbulenz und Kreativität. Hier werden jetzt die neuen Regeln und die zukünftigen Gewohnheiten entwickelt und gestaltet. Wenn man einem Mitarbeiter oder einem Team eine hohe Selbstverantwortung und Eigenständigkeit zugestehen will, dann darf sich der Coach in dieser Phase auf keinen Fall einmischen, er muß geschehen lassen. Die Selbstorganisationstheorie vermittelt uns das Wissen, daß hier die Abstinenz der Chefinnen und Chefs als Coaches die höchste Tugend ist, daß Schwierigkeiten und Turbulenzen hier unvermeidbar sind und daß es sich dabei um ein wichtiges Durchgangsstadium handelt.

Beispiel: Eine Abteilung organisiert sich neu vom Arbeiten „in Linie" zum Teammanagement. Bisherige Muster und Gewohnheiten, die Formen der Weisungen und Anordnungen und der Umgang miteinander, sind aufgehoben, an ihre Stelle treten Projekt- und Teamorientierung, Teamtreffen, gemeinsame Diskussionen, Aufgabenverteilung, gemeinsame Durchführung und Kontrolle. Zunächst wartet man noch auf die Anordnung, die Abläufe sind unsicher und ungewiß. Abgrenzungsfragen treten auf, Außenstehende mischen sich erfolgreich ein. Auseinandersetzungsstrategien und Konsensbildung sind nicht geübt oder finden indirekt oder über Dritte statt. Sowohl die Teams als auch das Management erleben diesen Prozeß recht krisenhaft, sind enttäuscht oder verwirrt und wünschen sich dann häufig die alten Strukturen zurück. Im Hin und Her zwischen Altem und Neuem entstehen neue Muster. Erst wenn die neuen Abläufe bekannter sind und sich eingespielt haben, kann von einem neuen Ordnungszustand gesprochen werden. In vielen Fällen wird dieser neue Zustand nicht erreicht, weil die damit verbundenen Turbulenzen nicht ausgehalten werden und die Anpassung nicht erreicht wird. Man kehrt in die Phase der Irritation und Unsicherheit und zu den alten Ordnungsmechanismen zurück, weil man die Übergangsphase für das „drohende Chaos" hält, statt daß man sie als Prozeß der Veränderung nutzbar macht. Der Chef als Coach hält sich in dieser Phase zurück, drückt seinen Mitarbeiterinnen und Mitarbeitern gegenüber Vertrauen und Ermutigung aus und unterstützt sie, wo er kann, ohne jedoch in den Prozeß selbst einzugreifen. Aufgrund eines klaren Konzeptes kennt er die Prozesse und läßt sich nicht irritieren.

Exkurs

Eines Tages stieß Pete Brown auf seiner Afrikareise in einem der hintersten Winkel des Großen Atlas, in einem engen, zerklüfteten und dunklen Tal, auf einen Stamm, der sehr zurückgezogen lebte. Auffällig war, daß die Bewegungen der Menschen merkwürdig traumwandlerisch waren. Es brauchte eine gewisse Zeit, bis Pete herausfand, daß alle Mitglieder dieses Stammes komplett blind waren. Wie man bei späteren Forschungen herausfand, war dies das Ergebnis eines genetischen Defektes, der zur Folge hatte, daß seit mehreren Generationen alle Mitglieder blind waren. Da der Stamm sehr isoliert gelebt hatte und auch kein Wissen mehr über das „Sehen“ vorhanden war, hielten sich die Mitglieder alle für „normal“. Sie waren so geübt, sich über den Tast- und Gehörsinn zu orientieren, und hatten ihre Umgebung so strukturiert, daß sie ohne Probleme leben konnten. Pete galt nach einiger Zeit bei ihnen als absonderlich und verrückt, da er immer von diesen komischen Wahrnehmungen wie Farben usw. erzählte. Auch hielten sie ihn für behindert, da er sich nachts nicht mit der selben Geschicklichkeit wie sie bewegen konnte. Als Pete sich schließlich in eine der jungen und hübschen Frauen dieses Stammes verliebte, willigte der Stamm in eine Heirat unter der Bedingung ein, daß Pete sich das Augenlicht nehmen lasse, um „normal“ und einer von ihnen zu werden (mündlich überliefert von O. Sacks).

Was zeigt uns dieser kurze und unglaubwürdig anmutende Bericht? Zunächst hinterfragt er unseren Begriff von Normalität. Die Menschen dieses Stammes haben eine gänzlich andere Vorstellung davon, was normal ist. Wie zeigt sich dies konkret? Es zeigt sich an den Denk- und Interpretationsgewohnheiten sowohl bei Pete Brown als auch bei den Stammesmitgliedern. Mit anderen Worten: wir sind gewohnt, unsere Umgebung mit Hilfe von auf Erfahrungen basierenden Denk- und Interpretationsrastern wahrzunehmen. Wenn diese nicht mehr zutreffen oder weil etwas nicht in dieses Raster paßt, wird diese Information oft als nicht glaubhaft oder „falsch“ zurückgewiesen. Mit Hilfe dieser Raster sind wir in der Lage, unsere Umgebung schnell und flüssig zu deuten, als „gut oder schlecht“, „richtig oder falsch“, „Freund oder Feind“ etc. Auf diesem Prinzip beruhen auch die sog. Kippbilder, von denen eines auf der folgenden Seite abegebildet ist.

Kognitive Selbstorganisation

Die Vorbahnung dieser Muster erfolgt nach den Prinzipien der kognitiven Selbstorganisation. Aufgrund der vorgebahnten Rasterung werden die meisten Menschen in dem Bild „Mann versus Mädchen" entweder einen Männerkopf oder eine junge Frau mit Spiegel erkennen. Kaum einer sieht darin zum Beispiel einen jungen Elefanten. Die Wahrscheinlichkeit, Mann oder Mädchen zu erkennen, ist etwa gleich groß.

Diese Wahrnehmungsraster sind sehr stabil und lassen sich nur schwer verändern.

Wann immer wir als Chef und Chefin, als Coach oder als Mitarbeiterin und Mitarbeiter mit neuen Ideen oder Sichtweisen konfrontiert sind, gibt es Widerstand und Irritationen. Menschen wehren sich z.T. heftig und halten an den bekannten Stabilitätsmustern, manchmal auch „Glaubenssystem" genannt, fest. Dies ist ein *normaler* Prozeß und sollte auf der Grundlage

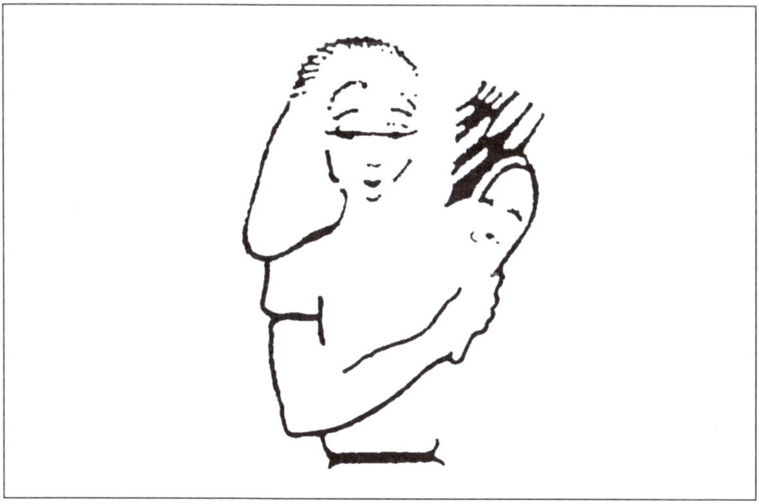

Kognitive Selbstorganisation: Mann versus Mädchen (nach Fischer)

der hier dargestellten Konzeptbildung eingeordnet werden. Wenn wir also als Coach mit unseren Mitarbeiterinnen und Mitarbeitern feststellen, daß eine neue Idee und/oder eine andere Sichtweise möglich wäre, müssen wir Raum, Zeit und Unterstützung geben, damit die Mitarbeiterinnen und Mitarbeiter die neuen Gedanken integrieren und ausformulieren können.

Selbst- und Neuorganisation in Handlungsabläufen

Entsprechend der kognitiven, also gedanklichen Organisation sind die konkreten menschlichen Verhaltensweisen organisiert. Wie schon im Kapitel „Stabile und labile Gleichgewichte" kurz dargestellt, ist der Mensch ein „Gewohnheitstier". In ähnlichen Situationen, in ähnlichen oder identischen Kontexten (zum Beispiel im Unternehmen) und mit denselben Personen werden die einmal gewohnten Handlungsabläufe wiederholt. Wir sprechen von Musterbildung. Stellen Sie sich vor, Sie kommen im Winter bei einem Spaziergang an eine verschneite Lichtung im Wald. Einige Personen sind bereits vor Ihnen durch diese Lichtung gegangen, ein kleiner Hügel wurde viel-

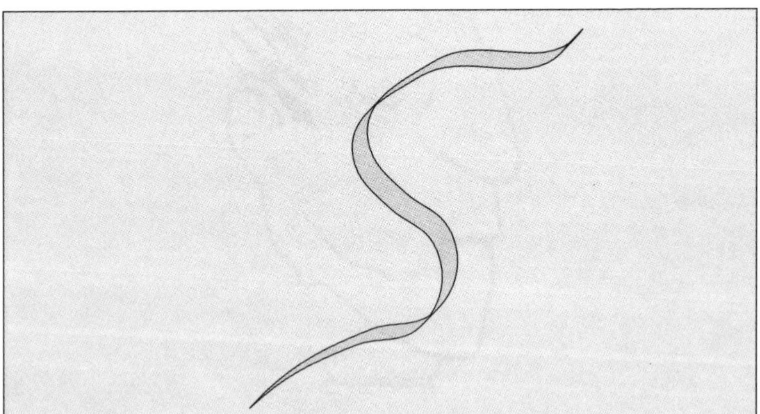

Trampelpfad

leicht umrundet, eine kleine Senke durchschritten. Es hat sich ein Trampelpfad herausgebildet. Die Wahrscheinlichkeit ist sehr hoch, daß Sie und alle weiteren folgenden Personen denselben Weg beschreiten werden. Meistens springen nur Kinder und frisch Verliebte neben den Pfaden herum.

Diese Metapher zeigt Ihnen, welche hohe Anziehung die einmal eingespielten Wege für uns haben. In der Selbstorganisationstheorie sprechen wir deshalb hier auch von *Attraktoren*.

Der Begriff „Attraktor" drückt aus, daß wir durch eingespielte Wege immer wieder angezogen werden, gleichgültig ob die Wirkung der gewohnten Handlungsabläufe negativ oder positiv ist.

Wenden wir nun das hier Dargestellte auf die Coaching-Situationen an: Auch unsere Mitarbeiterinnen und Mitarbeiter sind an ihre individuellen sowie die im Team und im Unternehmen verankerten Arbeits- und Handlungsabläufe gewöhnt. Und wir als Chef, Chefin und Coach sind ebenso darin eingebunden. Wollen wir den Coaching-Prinzipien folgen und die Ressourcen der Mitarbeiterinnen und Mitarbeiter optimal fördern und einsetzen, dann gilt es, die gewohnten Muster zu unterbrechen, um Raum für neue und effizientere Vorgehensweisen zu schaffen, wir müssen eine *autonome Neuorganisation* ermöglichen.

Im Bild des dargestellten Trampelpfades hieße dies, einen anderen Eingang in die Lichtung zu wählen oder den Eingang beizubehalten und einen neuen Pfad anzulegen, vielleicht sogar zu springen oder zu hüpfen oder sogar die Lichtung zu umrunden. Im Prinzip gibt es unendlich viele Möglichkeiten, die gewohnten Handlungsabläufe zu verändern.

Nur: welche der neu organisierten Handlungsabläufe und welche Verhaltensweisen sind die optimalen? Dies können wir vorher nur vermuten; wissen können wir es erst, nachdem wir es gelebt und ausprobiert haben. Daher ist es sinnvoll, mit den

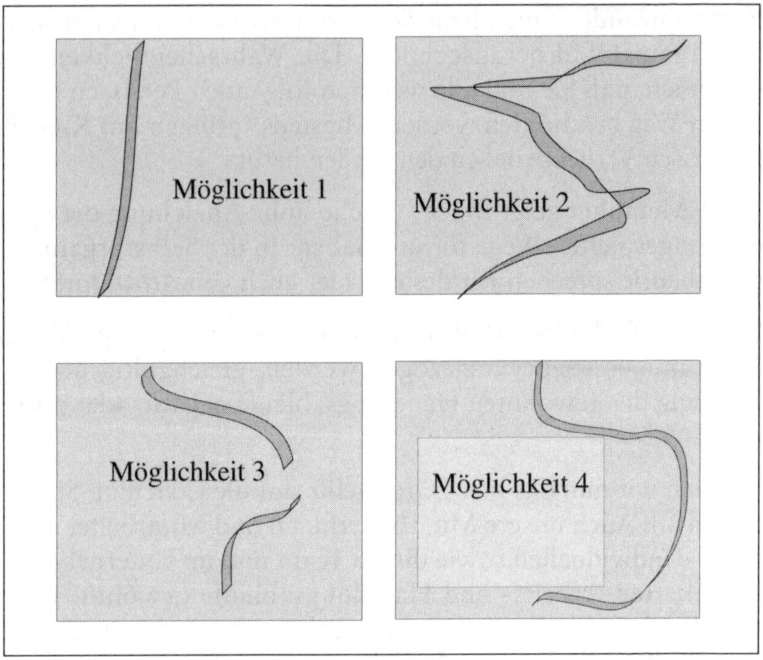

Möglichkeiten veränderter Wege

Mitarbeiterinnen und Mitarbeitern offen über diese Möglichkeit zu reden und eine Test- und Experimentierphase abzusprechen. In dieser Zeit werden die neuen Vorgehensweisen probeweise und alternativ durchgeführt. Nach einiger Zeit überprüfen und bewerten wir die neuen Erfahrungen. Dann wird entschieden, ob sich die Veränderung bereits bewährt hat. Bei guten Lösungen werden oft kleine, aber wirkungsvolle Anpassungen vorgenommen. Manchmal werden in der Veränderungsphase „ganz nebenbei" noch andere Potentiale entdeckt, die uns wie unerwartete Geschenke in den Schoß fallen. Damit sich eine solche neue Erfahrung setzen kann, benötigt man vier bis sechs Wochen, bevor eine Überprüfung der Veränderung möglich ist.

Was ist während dieser Erprobungsphase der autonomen Neuorganisation noch zu beachten? Wir sprechen hier bewußt von *autonomer* Neuorganisation: in dieser Zeit dürfen die Führungskräfte nicht in die Handlungsabläufe hineinregieren. Hier müssen wir den Mitarbeiterinnen und Mitarbeitern Raum und die Zeit geben, ihre eigenen Erfahrungen zu machen. Die Chefs und Chefinnen kommen erst dann wieder ins Spiel, wenn die gemeinsame Überprüfung und Auswertung stattfindet.

Die Beziehung zwischen Coach und Mitarbeiter

Coach zu sein verlangt von uns ein ganzes Set an Rollen oder Verhaltensweisen. Sie sind abhängig von den Menschen, mit denen wir umgehen, von den Zielen, die wir verfolgen, und von den Herausforderungen, denen wir uns zu stellen haben. Damit ist nicht gemeint, die Rolle nach Lust und Laune zu wechseln, zum Beispiel, wenn wir nicht mehr weiterwissen, nach dem Motto „... und bist Du nicht willig, dann brauche ich Gewalt“ zu verfahren. Das wäre Ausdruck von Hilflosigkeit. Bei einem solchen Verhalten werden uns Mitarbeiterinnen und Mitarbeiter die Zusammenarbeit verweigern oder stillschweigend innerlich kündigen. Was wir meinen ist die Fähigkeit zur Vielseitigkeit und multistabilen Anpassung, der Coach als „Multi-Persönlichkeit“ mit einem „Multi-Mind“. Bestimmte Berufsgruppen benötigen spezielle Fähigkeiten. Die Fähigkeit von Beratern zum Beispiel ist es, interessiert und neugierig zu sein, in kurzer Zeit ein System zu verstehen und Informationen in einer neuen Weise zu verknüpfen, aber auch Ideen zu haben, etwas in einer neuen Weise zu verstehen. Berater setzen nicht selbst um, sie begleiten und unterstützen. Ein Experte zeigt andere Fähigkeiten, er ist Fachmann mit tiefem Sachverstand. Im Unterschied dazu hat ein Berater ebenfalls Fachwissen, er nutzt sein Wissen jedoch beratend. Der Coach nutzt beides, er berät, ohne Vorschriften zu machen, er schafft den Rahmen, läßt „seinen Kunden“ jedoch ausprobieren und reflektiert gemeinsam mit ihm das Ergebnis, um es

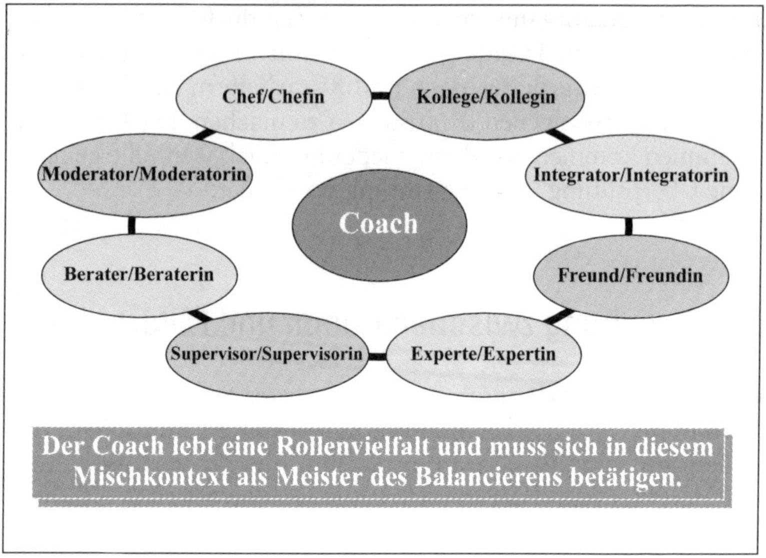

Die Beziehungsmöglichkeiten beim Coaching

dann verbessern zu helfen. Dazu braucht es ein gemeinsames und gegenseitiges Commitment:

- Coach, Mitarbeiterinnen und Mitarbeiter streben einen möglichst großen Erfolg in der gemeinsamen Arbeit an.
- Coach, Mitarbeiterinnen und Mitarbeiter zeigen, daß sie am Erfolg interessiert sind.
- Der Coach evaluiert, welche Faktoren und Hindernisse einem Erfolg entgegenstehen können.
- Die Zufriedenheit der Mitarbeiterinnen und Mitarbeiter wird im Laufe des Coaching-Prozesses immer wieder erfragt.
- Keine falschen Hoffnungen im Sinne von „Wird schon irgendwie werden ...", sondern regelmäßige Feedback-Schleifen, klares Nachfragen und harte Facts.

- Bei Schwierigkeiten und Problemen: Ziele und Veränderungsbereitschaft bei Mitarbeiterin und Mitarbeiter und beim Coach überprüfen.

So wie ein Kaufmann einen Kunden braucht, benötigt der Coach die Zusammenarbeit der Mitarbeiterinnen und Mitarbeiter. Dies bedeutet: In der Veränderung sind alle gemeinsam Suchende. Das Tun des einen stimuliert das Tun des anderen. Dabei geben alle ihr Bestes. Coaching verschafft Freiräume, in denen Kreativität und Flexibilität möglich sind: Experimente, aber kein Aktionismus; Tempo, aber keine Hetze; Spaß und Freude, aber keine Bedeutungslosigkeit. Blockierungen werden als Teil des Prozesses verstanden und als Information statt als Schuld, Widerstand und Versagen benutzt. Ergebnis und Wirkung sind vom Prozeß nicht zu trennen, und die Autorenschaft gebührt allen Beteiligten.

Anforderungen an einen guten Coach

Jeder kann sich Coach nennen, denn die Bezeichnung ist nicht geschützt. Gebraucht man eine solche Bezeichnung, wird man aber auch daran gemessen. Im Prinzip werden externe und interne Coaches gleiche Vorgehensweisen wählen, der Unterschied liegt in den Beziehungen. Für seine Mitarbeiterinnen und Mitarbeiter ein Coach zu sein ist nicht so selbstverständlich, wie viele meinen. Da der Begriff als Rolle vieldeutig ist, müssen die Konzepte des Vorgehens und die innere Haltung um so trennschärfer sein. Chefs als Coaches werden ihre Kenntnisse von Methoden und Techniken der Personalführung um die Fähigkeiten optimaler Kommunikation, sozialer Kompetenz und Beziehungsgestaltung erweitern. Nur den Titel der Funktion zu ändern, ist dabei nicht genug!

Die Entwicklung von Menschen zu unterstützen und zu begleiten, ist eine verantwortungsvolle Aufgabe. Wer die Entwicklung von Menschen voranbringt, hat auch seine eigene persönliche Entwicklung vorangetrieben und aus eigenen Fehlern wichtige Lehren gezogen. Ständige Selbstreflexion und Eigenentwicklung sind deshalb der Leitfaden eines guten Coaches.

Selbsterkenntnis

Je mehr ich mich selbst kenne und mit mir im reinen bin,

- desto mehr kann ich meine Stärken, Schwächen, Potentiale und Werte wahrnehmen;
- desto besser kann ich entscheiden, was für mich gut und was für mich weniger gut ist;
- desto besser weiß ich, was ich für andere leisten kann;
- desto besser weiß ich, was ich brauche, um produktiv und kreativ zu sein;
- desto mehr Aufgaben kann ich qualitativ gut bewältigen.

Coaching kann sehr unterschiedlich realisiert werden. Die Wichtigkeit und Problemlage wird darüber entscheiden, in welchen Intervallen ein Coaching-Kontakt stattfinden sollte. Die Erfahrung mit Veränderungen jedoch zeigt, daß zu kurzfristige Termine die Eigenkreativität und Problemlösung eher verhindern. Die Intervalle sind so zu wählen, daß in der Zwischenzeit eine Veränderung wirklich möglich ist. Die Beziehung zwischen Coach und Mitarbeiterin und Mitarbeiter muß vertrauensvoll und von partnerschaftlichem Bemühen, Verläßlichkeit und minimalem Druck geprägt sein. Was aber kann ein Mitarbeiter von seinem Chef als Coach erwarten? Der Mitarbeiter kann erwarten, daß er ständig klar und eindeutig darüber informiert ist, was von ihm erwartet wird. Coach und Mitarbeiterinnen und Mitarbeiter müssen darin übereinstimmen, inwieweit das gesteckte Ziel schon erreicht ist. Ein Coach, der sich für die Entwicklung verantwortlich fühlt, wird auch bei Projekten mit Rat und Tat zur Seite stehen. Sein Feedback wird glaubwürdig sein. Bei großen Lehrmeistern geht man davon aus, daß ihre begabten Schüler besser werden als sie selbst. So gesehen, darf ein Coach der Entwicklung von Talenten nicht im Wege stehen, sondern er wird ihnen den Aufstieg ermöglichen, weil ihr Erfolg auch für ihn eine positive Rückmeldung ist.

„Der beste Führer ist derjenige,
der nicht vor seinen Leuten,
sondern hinter seinen Leuten geht."
Laotse

Methoden des systemischen Coachings

Die sieben Grundtechniken

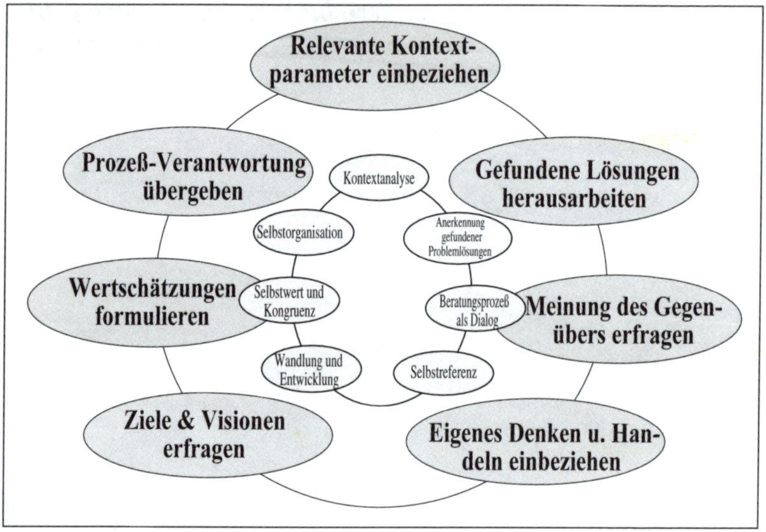

Grundtechniken des Coachings

In der Abbildung sind im inneren Kreis die sieben Grundelemente des Coachings auf der Grundlage einer systemischen Vorgehensweise dargestellt. Im äußeren Kreis sind konkrete Vorgehensweisen aufgeführt, die für den Coaching-Prozeß hilfreich sind.

Sie sollten diese Grundtechniken unbedingt regelmäßig einsetzen und üben!

1. Relevante Kontextparameter einbeziehen

Bei allen Themen und Fragestellungen sind immer mehrere Personen und Elemente des Lebens der betroffenen Menschen und des Unternehmens beteiligt. Das heißt, ein Ereignis ist niemals nur von einer Person oder einem Ereignis abhängig. Viele Personen und Elemente bedingen sich gegenseitig, und viele Ereignisse sind untereinander vernetzt. Wenn der Coach sich daher nur auf eine Person, eine Eigenschaft, ein Ereignis bezieht, greift er zu kurz und reduziert seine Wirksamkeit. Er sollte daher immer noch weitere Einflußgrößen aus dem Umfeld mit einbeziehen.

> *Beispiele:* Wer war bei diesem Ereignis noch anwesend? Was sagen diese Personen darüber? Wer kann das noch beurteilen? Wer könnte Sie noch unterstützen? Was könnte einem Erfolg des Projektes noch entgegenstehen? Welche Personen müssen noch gewonnen werden? Was sagt Ihr Chef dazu? Weiß er davon? Welche Reaktion würde er erwarten?

2. Gefundene Lösungen herausarbeiten

Wenn ein Problem auftritt oder erkannt wird, haben meistens schon verschiedene Menschen daran gearbeitet und sich um eine Lösung bemüht. Dies wird nicht berücksichtigt, wenn der Coach sich nur auf die Probleme, die „Löcher" und die Defizite bezieht. Das Selbstwertgefühl der beteiligten Personen wird erniedrigt, der Streß steigt und die Handlungsoptionen reduzieren sich. Außerdem liegen in der Regel bereits gute Lösungsansätze vor, die bei einer Defizit-Orientierung oft verlorengehen. Es ist daher hilfreich, wenn der Coach sich in jedem Gespräch darum kümmert, was bereits in Richtung Lösung unternommen wurde und welche Ergebnisse dabei erzielt wurden.

Beispiele: Was haben Sie bereits unternommen? Mit welchem Ergebnis? Was haben Sie außerdem noch versucht? Wie ist das Problem denn früher angegangen worden? Wissen Sie, wie man in anderen Abteilungen damit umgeht? Wenn Sie freie Hand hätten, was würden Sie dann tun?

3. Meinung des Gegenübers erfragen

Dies ist *die* Grundtechnik jeden Coaching-Vorgehens. Um den Mitarbeiter, den Kunden oder wen auch immer mit seiner Meinung, seiner Aktivität und seiner Kreativität einzubeziehen, muß der Coach immer wieder nachfragen. In der Regel haben wir als Coach eine klare Meinung davon, was ein gutes und richtiges Vorgehen wäre – dies muß bis zum Ende des Gespräches zurückgehalten werden. Seine eigene Meinung zu äußern, vorzuschlagen oder sogar zu verordnen, ist ein Kunstfehler und verstärkt Abhängigkeiten, Dienst nach Vorschrift und Beamtenmentalität versus Unternehmertum.

Beispiele: Was denken Sie darüber? Was würden Sie tun? Was würden Sie für hilfreich erachten? Wie können Sie denn die Ideen der anderen noch erfahren? Welche Lösungsmöglichkeiten sehen Sie?

4. Eigenes Denken und Handeln einbeziehen

Ein Sprichwort sagt „Wie man in den Wald hineinruft, so schallt es heraus“. Tatsächlich ist unser Einfluß auf das Geschehen außerhalb von uns noch sehr viel größer: nicht nur mit unserem Handeln (wenn ich jemand sehr aggressiv anspreche, ist die Wahrscheinlichkeit groß, daß er sich entweder verteidigt oder auch angreift), sondern auch mit unserem Denken beeinflussen wir das Denken, Fühlen und Handeln unserer Mitmenschen. Das ist keine Frage von Gedankenlesen oder Telepathie, sondern ein normales Alltagsphänomen. Mein eigenes Denken bestimmt meinen Gesichtsausdruck, meine Körperhaltung, meine Stimmlage und nicht zuletzt die Wahl meiner Worte. All dies beeinflußt mein Gegenüber in der Wahl seiner Reaktionsweisen. Wenn der Coach also in einem Gespräch nicht weiterkommt, sich festgefahren fühlt, beim Mitarbeitenden nur Unverständnis und dergleichen sieht, dann muß er sich selbst hinterfragen. Hier liegt oft ein wichtiger Hinweis darauf, wie er selbst an diesem Gesprächsergebnis mitgewirkt hat. Jedes Geschehen zwischen Menschen ist Ko-Kreation!

Beispiele: Wie empfinde ich diesem Menschen gegenüber? Was denke ich über ihn? Wie wird er mein Vorgehen empfunden haben? Wie wird mein Vorgehen auf ihn wirken? Wie ist meine Stimmung heute morgen? Wie könnte das auf ihn wirken? Wie mag wohl mein Gesichtsausdruck sein, wie meine Sprache, Körperhaltung? Und wie könnte das auf ihn wirken? Wie ist die Gestaltung des Raumes? Wie sitzen wir zueinander? Welche Wirkung könnte das haben?

5. Ziele und Visionen erfragen

Bei einem lösungs- und zielorientierten Vorgehen ist es im Coaching-Prozeß unerläßlich, den Mitarbeitenden nach seinen eigenen Zielen zu fragen. Oft gehen die Ziele im Gespräch verloren, und man wundert sich, wohin das Gespräch abgedriftet ist. Außerdem sollten die zu ergreifenden Handlungen und Maßnahmen auf ein dem Unternehmen nutzendes Ziel abgestimmt sein! Oft sind die Ziele nicht klar oder nicht auf das Unternehmen abgestimmt. Dies ist leicht zu verhindern, indem der Coach in jedem Gespräch die Ziele nochmals explizit formulieren läßt. Wenn die Ziele mit persönlichen Zielen in Verbindung stehen, ist es hilfreich, auch die Langzeitziele und Visionen anzusprechen.

„Wenn Du ein Schiff bauen willst,
so trommle nicht Männer zusammen,
um Holz zu beschaffen, Werkzeuge vorzubereiten,
um die Arbeit zu erleichtern, sondern lehre die Männer
die Sehnsucht nach dem endlosen Meer.“
Antoine de Saint-Exupéry

Aus den Visionen schöpfen Menschen die meiste Kraft, und wenn Ziele und Visionen kompatibel sind, ergibt sich die höchste Leistungsfähigkeit.

Beispiele: Was wollen Sie damit erreichen? Können Sie die Ziele dieses Projektes noch einmal definieren? Wo soll es hingehen? Was sind Ihre Ambitionen? Haben sie sich schon mal Gedanken darüber gemacht, wo Sie in fünf Jahren stehen wollen? Haben Sie Visionen für Ihre weitere Entwicklung und Karriere?

6. Wertschätzung formulieren

Menschen lernen besser und sind höher motiviert, wenn sie für ihre Tätigkeiten und ihre Bemühungen Wertschätzung erfahren. So ist es auch im Unternehmen. Daher sollte es sich jeder Coach zur Pflicht machen, seine Mitarbeiterinnen und Mitarbeiter für deren Leistungen zu loben. Aber nicht nur für die Leistungen: auch eine neue Krawatte, eine neue Frisur, ein neues Kleid sind Anlaß genug für eine Anerkennung, die das Klima in den Beziehungen und den Abteilungen deutlich im Sinne einer Kooperationskultur verbessert.

Beispiele: Heute sehen Sie gut aus! Prima, wie Sie das gelöst haben! Ich hätte nicht gedacht, daß Sie damit so schnell fertig werden würden! Hübsch, die Blumen auf Ihrem Schreibtisch!

Hier sollte allerdings nicht unerwähnt bleiben, daß ein antrainiertes Wertschätzen, das nicht vom Herzen kommt, in der Regel als solches erkannt und verachtet wird. Jeder kennt sicher die eine oder andere Führungsperson, die von einem Training kommt und plötzlich mit Lächeln und guten Worten um sich wirft. Die Inhalte der Worte stimmen dabei oft nicht mit der Körpersprache überein. Und Menschen sind für diese Dissonanzen sehr empfindlich und verzeihen das oft nicht, weil sie sich betrogen fühlen. Deshalb sei hier an dieser Stelle noch mal an die Bedeutung der inneren Haltung erinnert.

7. Verantwortung für das Vorgehen übergeben

Alles Coaching nützt nichts, wenn wir als Coach hinterher wieder in die Sache reinregieren. Wenn die Idee des Mitunternehmertums ernst genommen wird, steht der Chef als Coach vor der schweren Aufgabe, seine Mitarbeiterinnen und Mitarbeiter ihre „Suppe selber auslöffeln" und ihre Erfahrungen machen zu lassen. Denn nur so entsteht Lernen, und nur so entwickelt sich Selbständigkeit. Dies ist möglicherweise die schwerste Aufgabe für einen Coach, denn er sieht vielleicht, wie Dinge schlecht laufen, wie Turbulenzen entstehen oder wie man es besser machen könnte. Nein! Nicht eingreifen! Die Mitarbeiterinnen und Mitarbeiter müssen ihre Erfahrungen machen, und im nächsten Coaching-Gespräch werden die Ergebnisse ausgewertet!

Dialogprinzip

In Lernprozessen lernt nicht nur ein Beteiligter: Lehrer und Lernende schaffen gemeinsam eine Lernbasis. Das Tun des einen bestimmt das Tun des anderen. Somit bilden auch Chefinnen/Chefs und Mitarbeiterinnen und Mitarbeiter eine Lerngemeinschaft.

Beide bringen ihre Ideen ein, besprechen Prozeßverlauf und Ergebnis und verantworten den Prozeßverlauf und das Ergebnis gemeinsam. Wo Mitarbeitende unselbständig arbeiten, nur Anweisungen befolgen, keine Entscheidungsfreiheit und keine Verantwortung für den Prozeßverlauf haben und Vorgesetze kontrollieren, haben wir Abhängigkeiten und keinen Dialog.

Selbstreferenz

Menschen sind in der Lage, über ihre Kommunikation zu sprechen und sich über ihre Beziehungen auszutauschen. Das nennen wir Meta-Kommunikation. Diese setzt voraus, daß man sich selbst in der Beziehungsgestaltung sieht und zu sich selbst in Distanz tritt, auch Selbstreferenz genannt. Chefinnen und Chefs sind nicht omnipotent, und deshalb ist es erfolgversprechender, sich rückbezüglich ins Geschehen einzubeziehen. Ger-

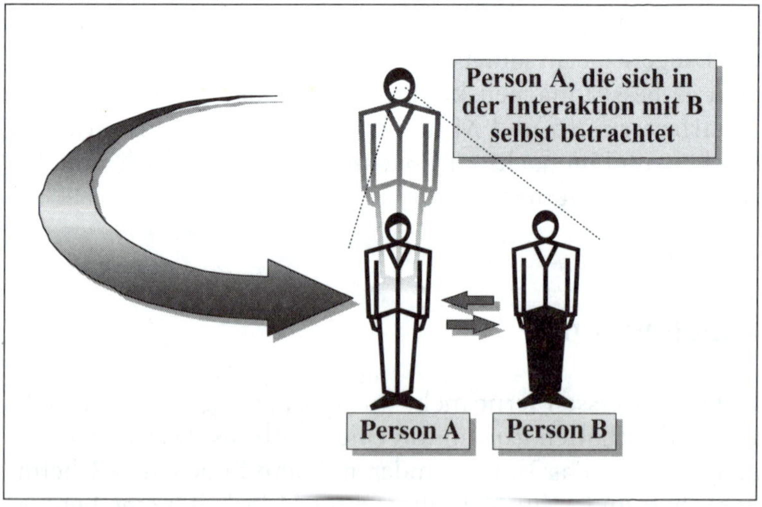

Selbstreferenz

ne werden Eigenschaften und Etiketten Mitarbeitern zugeschrieben, ohne zu analysieren, inwieweit diese in der Führungsperson selbst begründet liegen. Mitarbeiterinnen und Mitarbeiter und Chefinnen und Chefs sitzen im gleichen Boot und handeln gemeinsam oder anders ausgedrückt, sie handeln ko-kreativ.

Daraus ergeben sich weitreichende Konsequenzen, da wir bei jedem Geschehen beteiligt sind. Mit Hilfe der Methodik der Selbstreferenz überprüfen wir aus der „Adler"- oder „Helikopter"-Position das Geschehen während eines Gespräches und sind uns dadurch bewußt, wie wir durch unsere Einstellungen und Verhalten das Ergebnis mit beeinflussen, und können entsprechend „umsteuern".

Fragetechnik im Coaching-Prozeß

Im Gespräch mit seinen Mitarbeiterinnen und Mitarbeitern versucht der Coach, möglichst viel über deren Sicht- und Denkweisen zu erfahren. Dies geschieht am besten durch Fragen und Zuhören. Er verfolgt dabei folgende Ziele:

1. Durch Fragen lernt er die Sicht- und Denkweise kennen.
2. Dadurch „koppelt" er sich mit seinen Mitarbeiterinnen und Mitarbeitern, er kann „durch ihre Brille schauen".
3. Durch geschicktes Fragen wird die Sichtweise der Mitarbeiterinnen und Mitarbeiter erweitert; sie lernen, die Dinge anders zu sehen, entwickeln selbst neue Möglichkeiten der Betrachtung, der Handlungen und des Vorgehens.
4. Über das Ingangsetzen eines kreativen Prozesses werden neue Möglichkeiten entdeckt.
5. Die Mitarbeiterinnen und Mitarbeiter haben das Gefühl, selbst etwas hervorgebracht zu haben; dadurch wird ihr Selbstbewußtsein und somit ihre Handlungskompetenz gestärkt.

6. Die Problemlösefähigkeit der Mitarbeiterinnen und Mitarbeiter wird erhöht, sie lernen selbständig zu denken und zu handeln und werden somit in ihrem Mitunternehmertum gestärkt.

Gebrauchen wir ein Bild zur Verdeutlichung: Jeder Mensch besitzt gewissermaßen eine *Innere Welt* – das ist die Welt seiner Gedanken, Gefühle, Einschätzungen und Erfahrungen. Alles, was er erlebt, läuft durch den Filter dieser *Inneren Welt*. Durch den Einsatz der Fragetechnik lernt der Coach die *Innere Welt* seiner Mitarbeiterinnen und Mitarbeiter kennen und hilft ihnen, diese *Innere Welt* besser kennenzulernen, indem er mit ihnen in der *Inneren Welt* spazierengeht. Und er hilft, die *Innere Welt* zu erweitern, indem er beim Spaziergang an die Grenzen stößt und diese zum Beispiel durch hypothetische Fragen (siehe unten) überwindet. Hierbei liegt die Aufgabe und Rolle des Coaches darin, ein Wegbegleiter und Ermunterer zu sein, nicht jedoch ein Reiseführer. Es würde den hier dargelegten Prinzipien widersprechen, wenn der Coach seine Welt für die richtige und entscheidende erklärt und von den Mitarbeitern verlangt, sie sollten ihre *Innere Welt* der des Coaches anpassen.

Fragetypen im Coaching-Prozeß

1. Fragen nach Daten
2. Unterscheidungsfragen
3. Fragen nach „Klatsch und Tratsch“
4. Hypothetische Fragen
5. Zirkuläre Fragen
6. Zukunftsfragen
7. Kontextfragen
8. Fragen zu Verhalten und Verhaltensmustern
9. Fragen nach der inneren Abbildung

Im Folgenden werden einige Fragetypen aufgeführt, die sich in Coaching-Prozessen als hilfreich bewährt haben. Zu jedem Typ werden einige Beispiele zur Verdeutlichung angeführt.

Fragen nach Daten

Dies ist die einfachste und in der Regel allen geläufige Frageform: man fragt nach Zahlen, Personen und weiteren Fakten. Allerdings kann bereits die Frage nach Ereignissen oft nicht mehr unter dieser Kategorie erfaßt werden, da die Schilderung von Ereignissen häufig mit Deutungen und Interpretationen verknüpft wird, die dann keine datenmäßige Objektivität mehr besitzt.

Unterscheidungsfragen

Manche Teams oder Abteilungen erscheinen so, als ob alle Mitglieder gleich wären und als ob es keine Unterschiede in der Betrachtung der Welt gäbe. So ist es hilfreich, nach Unterschieden zu fragen: Ranglisten, Prozentangaben, für wen ein größeres Problem, wer macht sich mehr Sorgen, wer hat das Problem zuerst bemerkt, wer würde sich am meisten freuen, wenn..., wer hat den größten Einfluß usw. ... Hier ist auch auf kleinste Unterscheidungen zu achten, zum Beispiel 51 Prozent und 49 Prozent oder mehr oder weniger, besser/schlechter etc.

Beispiele:

- Worin unterscheidet sich Ihre Arbeitsweise von anderen?
- Sind Sie mehr oder weniger zufrieden?
- Wenn Sie es in Prozent ausdrücken, wieviel schätzen Sie?
- In welchem Grad sind Sie einverstanden?
- Sind alle gleicher Meinung mit „Z“?
- Worin unterscheiden Sie sich?

- Für wen ist es das größere Problem?
- Welches von den anstehenden Themen, welche Fragestellung beschäftigt Sie am meisten?

Fragen nach Klatsch und Tratsch

Jeder denkt über jeden irgend etwas, nur wird dies oft nicht mitgeteilt und nicht in formalen Zirkeln diskutiert. Dennoch wird in jedem Unternehmen viel „Klatsch und Tratsch" gehandelt, und oft sind diese inoffiziellen Meinungen sehr viel bedeutender für die Kultur und die Funktionsweise des Unternehmens als die offiziellen. Auch die inoffiziellen Regeln, wie man mit Dingen im Unternehmen umgeht, sind oft mächtiger und wirksamer als die offiziellen. Bei den Fragen nach Klatsch und Tratsch machen wir uns dies zunutze, um im Sinne der oben definierten Ziele des Coaching-Gespräches weitere Informationen zu erhalten und um die Mitarbeiterinnen und Mitarbeiter bei ihrer Lösungssuche zu unterstützen.

Beispiele:

- Was sagt man über Sie konkret?
- Was sagt man woanders?
- Was sagt man über Ihre Abteilung?
- Wie ist die Stimmung in der Abteilung?
- Wie denken Sie über ihr/sein Handeln, ihr/sein Auftreten?
- Sie haben eine gute Presse. Wie machen Sie das?
- Gibt es Gerüchte?
- Welches Thema sollte man in Ihrer Abteilung nicht ansprechen?
- Wie redet man darüber?
- Wie ist das Klima?
- Was wird vom neuen Abteilungsleiter erwartet?

Hypothetische Fragen

Eine der machtvollsten Fragetypen! Hiermit werden virtuelle (Als-ob-) Wirklichkeiten erzeugt. Hier kann der Coach jede seiner Ideen über Zusammenhänge und mögliche Auswirkungen in Form einer hypothetischen Frage überprüfen. Besonders unter Streß und in Krisen- und Konfliktsituationen zieht man oft den Rahmen der möglichen Lösungen sehr eng und beschränkt sich so selber. Durch hypothetische Fragen können viele unterschiedliche Lösungswege entworfen werden. Hier wird probehalber gedacht, und Ideen werden auf mögliche Konsequenzen überprüft.

Beispiele:

- Was wäre, wenn Sie in die andere Abteilung versetzt würden?
- Angenommen, Sie könnten Projektleiter des neuen Teams werden, würde Sie das interessieren?
- Was würde passieren, wenn Sie sich mit Ihrer Kollegin mal aussprechen würden?
- Wie würde es sich auswirken, wenn Ihre Kollegen vorzeitig von Ihrer Beförderung erfahren würden?
- Angenommen, Sie berichten in Ihrer Abteilung offen über die Vorfälle, hätten Sie dann mehr oder weniger Probleme? (Kombination mit Unterschiedsfrage!)

Zirkuläre Fragen

Zirkuläre Fragen können in Verbindung mit jedem anderen Fragetyp verwendet werden und schaffen eine höhere Beobachtungsebene, die es möglich macht, andere Beobachtungsstandpunkte einzunehmen und andere Sichtweisen im Unterschied zur Kenntnis zu nehmen. Dabei wird in der Regel eine dritte Person oder Abteilung als Bezugspunkt eingeführt und deren

Ansicht und Meinung erfragt. Hierbei erhält der Coach natürlich nicht die tatsächliche Ansicht der Bezugsperson, sondern das, was die Mitarbeiterin und der Mitarbeiter denkt, was diese Person dazu sagen würde. Auf diese Weise werden häufig interessante neue Informationen erzeugt, und auch den Mitarbeiterinnen und Mitarbeitern geht bei dieser Frageform oft „ein Licht auf".

Beispiele:

- Was würde Ihr Kollege aus der Abteilung Y dazu sagen, wenn ...?
- Inwieweit beeinflußt Herr X aus der Nachbarabteilung unsere Entscheidungen, unsere Vorgehensweisen?
- Wie denken die Kolleginnen und Kollegen über Ihr Problem, Ihr Vorgehen?
- Wie beurteilt Ihre Chefin oder ihr Chef die Beziehung zwischen Ihnen und dem Personalleiter?
- Wer weiß noch von dieser Fragestellung? – Aha, Frau Y also – und wie denkt diese darüber?

Zukunftsfragen

Menschen mit Problemen glauben sich oft im Engpaß, fühlen sich hilflos und ohnmächtig, so als ob sie in einem schwarzen Loch ohne Ausgang säßen. Auf Außenstehende wirken sie dann wie hypnotisiert, der Blick geht auf die Probleme, Lösungen können nicht gesehen werden. Die Gedanken richten sich in die Vergangenheit und auf fehlgeschlagene Lösungen. Mit Zukunftsfragen öffnet der Coach ein Tor zu den bisher ungedachten Möglichkeiten der betroffenen Menschen und ihren Vorstellungen und Ideen. Hier wird evtl. zum ersten Mal darüber nachgedacht und visioniert, wie denn die Zukunft anders sein könnte und welche verschiedenen Möglichkeiten es dazu gibt, und daß überhaupt eine Zukunft existiert.

Beispiele:

- Welche Ideen haben Sie, wie sich Ihre zukünftige Zusammenarbeit entwickeln wird?
- Welche Aufgaben (Themen) sehen Sie in der Zukunft für sich?
- Welche Erwartungen haben Sie, wie sich Ihre Abteilung in einem (zwei oder drei) Jahr(en) entwickelt haben wird?
- Was wird Ihr Handeln zukünftig bestimmen?
- Wo wollen Sie in einem (zwei, drei oder fünf) Jahr(en) stehen?

Kontextfragen

Jeder Coaching-Kontakt findet in einem ganz bestimmten Kontext (Umfeld) statt. Hier gibt es Kollegen, die evtl. zuschauen oder wissen, daß Chefinnen oder Chef und Mitarbeiterinnen und Mitarbeiter miteinander sprechen. Dieses Gespräch, sein Ergebnis und die möglichen Folgen werden manchmal erwartungsvoll, manchmal aber auch sorgenvoll beobachtet. Die Kenntnis davon beeinflußt das Gespräch. Oder: ein Kollege hat ein schwer erkranktes Familienmitglied zu Hause. Er könnte in diesem Zustand so davon gefangen sein, daß es schwer wäre, Zukunftsvisionen zu entwickeln oder mit Schwung eine neue Aufgabe anzupacken. Oder es gibt personelle Verknüpfungen der Art, daß zum Beispiel der zu coachende Mitarbeiter ein guter Freund des Abteilungsleiters ist. Man kann dann davon ausgehen, daß er diesem auf jeden Fall von dem Gespräch berichten wird. Welche Wirkung hat dies auf das Gespräch? Hier wird oft allein durch die Beziehungsverknüpfung über Erfolg oder Mißerfolg entschieden.

Beispiele:

- Wer weiß noch von Ihren Schwierigkeiten?

- Was denken die Kolleginnen und Kollegen, in welcher Richtung Sie vorgehen sollten? (Gleichzeitig eine zirkuläre Frageform)
- Von wem in Ihrer Umgebung hängt Erfolg oder Mißerfolg Ihres Vorhabens noch ab?
- Wie ist die momentane Situation in Ihrer Abteilung?
- Wie sieht es finanziell aus, ist dies ein günstiger Zeitpunkt für neue Investitionen?
- Weiß Ihre Frau, Ihr Partner von Ihrem Wunsch, die Leitung zu übernehmen? Was sagt sie/er dazu? Bekommen Sie zu Hause die nötige Unterstützung?

Fragen zu Verhalten und Verhaltensmustern

Menschen, die über ihre Probleme berichten, neigen oft dazu, dem Coach sofort linear-kausale Beschreibungen bzw. bereits eine entsprechende Deutung des Geschehens zu liefern („der Abteilungsleiter ist unfähig, er ist ein Versager, konfliktscheu" usw.). Hier geht es darum, von den Quasi-Diagnosen zu einer Verhaltensbeschreibung zu kommen, an der der Coach das Geschehen ablesen und von daher auch besser nachvollziehen kann. Besonders in (chronischen) Konfliktsituationen laufen die Gespräche in der Regel in immer demselben Fahrwasser, folgen demselben Muster („immer wenn ich in der Abteilungsbesprechung etwas sage, fährt mein Kollege mit lauter Stimme dazwischen; ich werde dann stumm und sage gar nichts mehr"). Es ist allerdings oft nicht leicht, die Mitarbeiterinnen und Mitarbeiter dazu zu bewegen, ganz konkret den Handlungsablauf zu beschreiben. Hier braucht der Coach Beharrlichkeit und Konsequenz.

Beispiele:

- Wie verhalten sich die Kolleginnen und Kollegen, wenn Sie präsentieren?

- Woran erkennen Sie, daß Ihr Chef nicht einverstanden ist?
- Als Sie das neue Produkt vorgestellt haben, was genau hat Ihr Produktmanager gesagt? Wie war seine Körperhaltung dabei?
- In der Konfliktsituation: Was genau hat Ihre Kollegin gesagt, und wie haben Sie reagiert? Geben Sie es bitte wörtlich wieder!
- Wie sind die Entscheidungsabläufe im Team?
- Wer sind die wichtigsten Entscheidungsträger?
- Wie zeigt sich der Führungsstil?
- Was machen Sie genau, wenn ...?
- Welche Schritte leiten Sie ein, um ...?
- Welche Hilfsmittel wählen Sie zu ...?

Fragen nach der inneren Abbildung

Wir geben in der Regel jedem Ereignis und Erleben eine bestimmte Bedeutung. Wir bewerten es nicht nur als gut oder schlecht, sondern differenzieren in verschiedene Richtungen und auf verschiedenen Ebenen. Auf diese Art machen wir laufend innere Zuschreibungen, stiften wir Sinn. Theoretisch können wir unendlich viele Sinngebungen gestalten, die wiederum unterschiedliche Gefühle und Reaktionen zur Folge haben. – Wenn der Coach deshalb fragt: „Wie erklären Sie sich das?“, fragt er nach dem sinnstiftenden Hintergrund und geht gewissermaßen rückwärts im inneren Verarbeitungsprozeß. Dies ist dann nicht nur für den Coach eine wichtige Information, sondern auch für die betroffenen Mitarbeiterinnen und Mitarbeiter fokuserweiternd.

Beispiele:

- Welche Bedeutung hat das ... für Sie?
- Welche Wichtigkeit hat das ... für Sie?
- Welchen Stellenwert geben Sie ...?

- Welche Erfahrung haben Sie mit ...?
- Welche Rolle spielt ...?
- Was denken Sie über ...?
- Wie beurteilen Sie ...?
- Wie deuten Sie ...?

Auch im Hinblick auf die Entwicklung von neuen Ideen oder Projekten können solche Fragen erhellend sein:

- Wie wollen Sie diese Aufgabe angehen?
- Wie erklären Sie sich, daß der Kunde so ... reagiert hat?
- Haben Sie bereits Ideen, wie Sie Ihre Abteilung anders organisieren könnten?

Fragen mit einer Haltung von Interesse, Neutralität und Wißbegier

Ein erfolgreiches Coaching hängt wesentlich von der inneren Haltung des Coaches ab: es ist hilfreich, wenn er keine vorschnellen Interpretationen oder Beurteilungen hat („das schafft der sowie nicht"). Er sollte sich als ein interessierter Weggefährte und Reisebegleiter der Mitarbeiterinnen und Mitarbeiter zeigen und diese bei ihren Zielfindungen und Entdeckungen unterstützen. Im Idealfall ist er oder sie sogar neugierig, auf welche Lösungen man gemeinsam kommen kann.

Die Forderung nach einer neutralen Haltung ist oft schwerer zu erfüllen: Neutralität bedeutet, keiner der beteiligten Personen innerlich oder äußerlich recht zu geben oder sich auf die eine oder andere Seite zu schlagen. Dies widerspricht der menschlichen Gewohnheit, sich in der Regel schnell eine Meinung zu bilden, wer „die Gute oder der Böse" ist. Nur werden dadurch sofort die Bewegungsfreiheiten des Coaches eingeschränkt: durch die innere Parteinahme ist er gebunden und kann selbst viele mögliche Lösungen nicht mehr denken und auch seinem Gesprächspartner nicht mehr so effektiv helfen.

Deshalb:

- keine einseitigen Deutungen und Bewertungen
- keine Fragen stellen, die den Kollegen, Kunden, die Mitarbeiterinnen und Mitarbeiter zu Polaritäten im Sinne von
  ja/nein
  richtig/falsch
  aktiv/passiv
  gut/böse
  gesund/krank
  normal/unnormal
  veranlassen
- sich selbst besser kennenlernen: was sind meine Vorlieben, Abneigungen, Eigeninteressen, Werte, Meinungen, Vorurteile.

Vorgehensweisen

Reframing

Oft bedingt der Kontext/das Umfeld/der Rahmen einer Person oder eines Ereignisses, wie eine Aussage verstanden werden kann. Eine wichtige Gesprächstechnik ist daher die Fähigkeit, den Rahmen zu verändern. Die Sprache reicht häufig nicht aus, eine Mitteilung korrekt zu verstehen. Hinzu kommen der Tonfall, die Mimik oder Gesten, die der Mitteilung erst ihre Bedeutung geben. Ändern wir den Rahmen, kann sich auch die Bedeutung verändern. Gerade wenn wir über Probleme und Schwierigkeit diskutieren, wird ein eher „negativer“ Rahmen gewählt. Angenommen im Rahmen eines Coaching-Prozesses hat der Mitarbeiter ein Problem nicht erfolgreich gelöst. Sieht man nur das Ergebnis ohne die Ereignisse und den Kontext, kann man sich lang und breit mit Analysieren oder der Schuldsuche aufhalten. Fragt man jedoch, unter welchen Umständen

Reframing

diese Lösung richtig eingesetzt gewesen wäre, ist der Weg frei, nach Alternativen zu suchen.

Reframing kann auf Personen bezogen sein, zum Beispiel: *Mitarbeiter: „Ich werde immer schrecklich schnell wütend“ – Coach: „Sie wollen noch andere Möglichkeiten finden, Ihren Ärger auszudrücken“*. Prämisse: Es gibt noch andere Möglichkeiten. Reframing kann auch auf den größeren Zusammenhang bezogen sein: *„Es beeindruckt mich, wie sehr Sie sich für dieses Vorhaben engagieren!“*

Lösungsorientiertes Vorgehen

Es ist eine Frage der Unternehmenskultur, ob eine lösungs- oder problemorientierte Sichtweise und eine entsprechende Herangehensweise im Unternehmen vorherrscht. Zusätzlich ist es eine Frage der individuellen bis hin zu abteilungsspezifischen Gewohnheiten. In den meisten Unternehmen und Familien in westeuropäischen Ländern herrscht eine vorzugsweise problemorientierte Sichtweise und Herangehensweise vor: man ist darauf programmiert, Fehler, Defizite und Versäumnisse zu entdecken.

Beispiel:

Etwas geht schief! – Frage: „Wer war das?" statt: „Wie kam es dazu, und was können wir machen, daß es beim nächsten Mal nicht passiert?" oder „Was können wir lernen?"

Das Fatale ist nur, daß wir beim problemorientierten Vorgehen im Sinne der Ordner- (siehe unter Selbstorganisation) und Gewohnheitsbildung die Probleme noch verstärken. Man sieht nur noch, was alles falsch gelaufen ist und noch falsch laufen könnte. Die Mitarbeiterinnen und Mitarbeiter haben Angst, man könne sie wieder für einen Mißstand verantwortlich machen, sie schützen sich, es entsteht die bekannte „Bunkermentalität". Der Selbstwert aller beteiligten Personen ist labil, es entsteht der Kreislauf der Schuld-Delegation, wie er in Bürokratien so gerne gespielt wird. Keiner will die Verantwortung für das Geschehen übernehmen: „Im Unternehmen ist der Kelch der Verantwortung ein Wanderpokal" (Sprenger, 1996).

Ganz anders beim lösungsorientierten Vorgehen: man schaut danach, was beim Bemühen um Lösung bereits alles erreicht worden ist, und man bündelt die Energien im Hinblick auf die Ziele und Lösungen. Mißstände und Fehler werden unter dem Aspekt von Information und (Entwicklungs-)Chancen gesehen. Auch die Chaostheorie unterstützt uns bei dieser Sichtweise: in komplexen und vernetzten Systemen sind Abweichungen und Zufälle nicht zu vermeiden, ja, sie sind sogar wahrscheinlicher als die Einhaltung einer bestimmten Ordnung. Gerade diese Abweichungen sind es jedoch, die ein Unternehmen kreativ und flexibel machen, hier ist der Boden, aus dem neue, innovative und zukunftsweisende Ideen entstehen.

Koppeln

Konzeptuelle Vorüberlegungen: Menschen haben eine eigene und spezielle Verarbeitungs- und Reaktionsweise, sie sind autonom gesteuert und dabei relativ unabhängig. Bei aller Vernetzung und Umgebungsbeeinflussung gibt es dennoch eine personenspezifische „Grundprogrammierung", die sich aus der Genetik, der sozialen Prägung und der Erfahrung ergibt. Dabei reagieren die Menschen auf Umgebungsbeeinflussung so, daß sie sich zunächst auf ihre eigene „Grundprogrammierung" stützen und dort überprüfen, ob und wie sie auf die Einflußnahme reagieren können und wollen.

Beispiel

Herr Xaver (Chef) sagt zu Frau Kienle: *Sie werden den neuen Job schon schaffen, Sie sollten einfach positiv denken und an den Erfolg glauben.*

Frau Kienle hat für sich das Empfinden, daß sie es niemals schaffen kann, der neue Job wäre aus ihrer Sicht eindeutig eine Nummer zu groß für sie (sie überprüft ihre eigene „Programmierung" und Erfahrungswelt. Dabei ist dies oft nicht mehr als ein diffuses Gefühl). Sie antwortet: *Na, wenn Sie meinen, aber ich weiß nicht recht ...*

Herr Xaver: *Na, nun mal ran, Sie sind eine erfahrene Kraft, nicht so zögerlich. Überschlafen Sie es mal, und sagen Sie mir morgen Bescheid!*

Frau Kienle geht heim, findet vor Angst kaum Schlaf, fühlt sich überfordert und hat Angst vor der Reaktion des Chefs. Am nächsten Tag teilt sie ihm mit, daß sie die neue Aufgabe nicht übernehmen will. Der Chef ist ärgerlich, er hat „gefördert und an sie geglaubt“, er fühlt sich persönlich gekränkt.

Auswertung

Herr Xaver hat sich in keiner Weise mit Frau Kienle *gekoppelt.* Er hat auf sie eingeredet, ohne vorher eine Verbindung zu schließen, ohne ein Verständnis für Frau Kienles „Programmierung“ zu entwickeln.

Die Methode

Koppeln bedeutet, sich mit dem Gesprächspartner zu verbinden, Kenntnisse von seiner „Programmierung“ zu erwerben, die Landschaft und die Landkarte der betreffenden Person kennenzulernen, gewissermaßen in der anderen Welt Teilnehmer zu werden. Dies geschieht durch die Fragetechnik, indem man über Fragen die Welt des Gegenübers für sich erfahrbar macht.

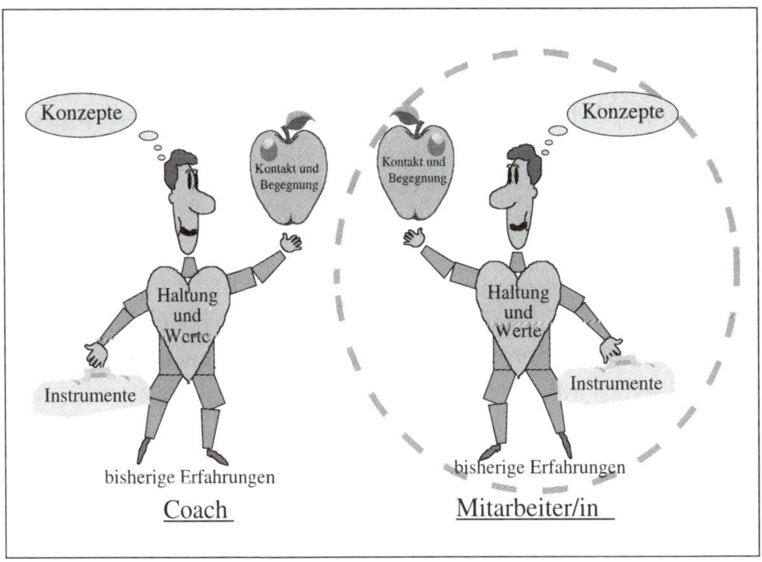

Koppeln mit Operationslogik des Gesprächspartners

Koppeln bedeutet also nicht, auf den anderen einzureden oder schon zu wissen, was in ihm vorgeht.

Indem Herr Xaver die Methodik des Koppelns nutzt, könnte er seine Mitarbeiterin so ansprechen:

Herr Xaver: *Frau Kienle, wie geht es Ihnen mit Ihrer jetzigen Tätigkeit?* Und:
Haben Sie schon einmal erwogen, eine andere Aufgabe zu übernehmen? ... Würde es Sie reizen, die Verantwortung für das Projekt zu übernehmen? oder:
Angenommen, Sie hätten die Möglichkeit, die Projektleitung zu übernehmen, was würde das für Sie bedeuten? und:
Ich weiß, daß dies nicht ohne Ängste und Unsicherheiten ablaufen kann, würden Sie sich davon abhalten lassen?

Musterunterbrechung durch Unterlassung

Wie können Menschen am effizientesten ihre Handlungsgewohnheiten verändern? Wir alle kennen die allzu menschliche Strategie, daß wir uns etwas vornehmen im Sinne einer „Silvesterversprechung", die wir dann aber nicht einhalten. Meistens nimmt man sich dabei etwas im „positiven Sinne" vor, d.h. wir stellen uns vor, wie es sein sollte. Dies gelingt in den wenigsten Fällen. In der Musterunterbrechung durch Unterlassung haben wir eine Technik, die seit vielen Jahren von eurosysteam® erfolgreich getestet und angewandt wurde:

Konzeptuelle Vorüberlegungen

Statt darüber nachzudenken, wie der Zustand sein soll, wird das Muster der etablierten Vorgehensweise betrachtet und genau analysiert. Nachdem das Muster erkannt ist, wählt man eine konkrete Handlung aus, die man als zentral für das Vorgehensmuster erachtet.

Beispiel

Herr Xaver spricht Frau Kienle an, weil sie versäumt hat, einen wichtigen Kunden anzurufen. Frau Kienle antwortet nicht und schaut auf den Boden. Herr Xaver, dem eine Antwort fehlt, erregt sich und spricht schneller und immer mehr auf Frau Kienle ein. Schließlich sitzt diese mit hängendem Kopf und zeigt keine Reaktion mehr. Herr Xaver verläßt entnervt den Raum und läßt Frau Kienle eine ganze Weile allein arbeiten. Beim nächsten Anlaß versucht er es wieder, „diesmal muß sie doch endlich ein Einsehen haben". Das Ergebnis ist identisch.

Auswertung

Je öfter Herr Xaver und Frau Kienle in einer solchen Interaktion engagiert sind, desto mehr gräbt sich das Muster ein. Je aktiver Herr Xaver ist, um so passiver reagiert Frau Kienle. Wir sprechen von einer komplementären Eskalation. – Wie der als Beispiel bemühte Trampelpfad durch die verschneite Lichtung: Je mehr Menschen diesen Weg gegangen sind, um so ausgetretener wird der Pfad. Je länger Herr Xaver und Frau Kienle sich so verhalten, um so schwerer wird eine Veränderung des Musters. Und genau das ist das Ziel und die Aufgabe.

Die Methode

Als Coach analysiert Herr Xaver sein Vorgehen entweder allein oder in einem kollegialen Gespräch mit einem Vertrauten. Er erkennt, daß seine hohe Aktivität, ohne Frau Kienle Raum zu lassen, zentraler Bestandteil seines Vorgehens ist. Die nun geplante Unterlassung lautet: jede Form von hoher Aktivität, von „Einreden" auf Frau Kienle zu unterlassen. Dies gelingt nur über eine hohe Kontrolle durch Herrn Xaver, da sein Verhalten automatisiert ist. Er muß sich bei jeder Begegnung mit Frau Kienle daran erinnern und sein übliches Verhalten ab-

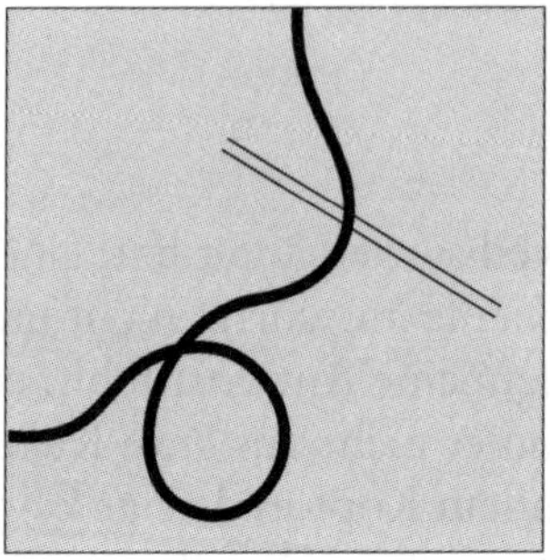

Durch die Unterbrechung kann der gewohnte Weg nicht mehr beschritten werden.

Unterbrechung des Verhaltensmusters I

stellen. Was passiert nun, wenn Herr Xaver sein Verhalten in der beschriebenen Weise modifiziert? Wir wissen es nicht, und keiner kann es wissen. Durch die Unterlassung wird ein kreatives Feld eröffnet, in dem die Reaktionen von Frau Kienle und Herrn Xaver nicht vorhersehbar sind. Durch Selbstorganisation wird sich dann das Verhalten von beiden neu organisieren, und erst am Ergebnis kann überprüft werden, ob es dem Ziel von Herrn Xaver und Frau Kienle respektive den Zielen des Unternehmens besser dienlich ist.- Eine Kontrolle ist hier nicht möglich; Menschen sind keine Maschinen, die sich in klar vorhersehbarer Weise steuern und bedienen lassen.

Schritte der Musterveränderung durch Unterlassung

- Prüfen, ob das Ergebnis der Interaktionen mit den Zielen der Personen, des Teams, des Unternehmens übereinstimmt
- Falls ja, okay und weiter so
- Falls nein, Analyse des Verhaltensmusters durchführen und zentralen Verhaltensteil auswählen und bestimmen
- Ab sofort und für mindestens vier Wochen wird dieses Verhalten unter allen Umständen unterlassen

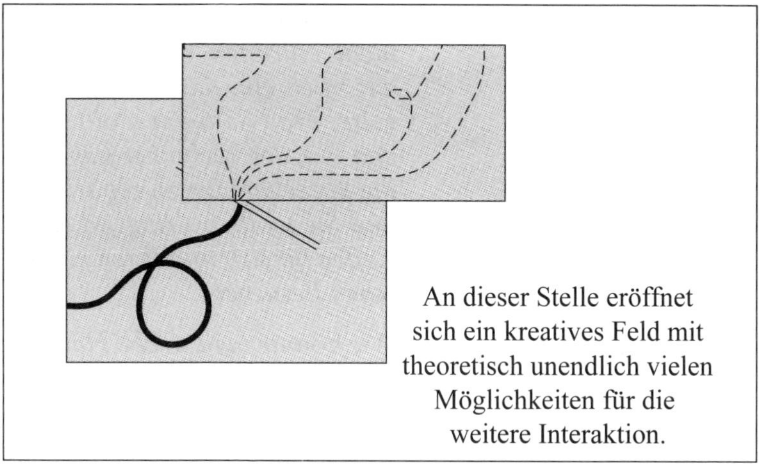

Unterbrechung des Verhaltensmusters II

- Nach Ablauf der vier Wochen: Überprüfung
- Gegebenenfalls Modifikation

Beispiel (Fortführung)

Herr Xaver entscheidet sich nun dafür, unter allen Umständen eine übermäßige Aktivität und ein „Einreden" auf Frau Kienle zu unterlassen. Es kommt zu folgender Begegnung und Interaktion:

Herr Xaver: *Guten Tag, Frau Kienle; gerade rief mich Herr Gerstenkopf an, daß in der Berechnung der Stückzahlen ein Fehler ist. Sie haben anscheinend 2000 statt 200 angegeben ...*

(langes Schweigen)

Herr Xaver: (harte Geduldsprobe, er schweigt ebenfalls)

Frau Kienle, schließlich:	*Es tut mir leid, aber in dem Moment stürmten so viele Dinge auf mich ein, das Telefon klingelte, Frau Salomm wollte was von mir, der Techniker kam, um die Sprechanlage zu reparieren, und Sie wollten dringend einen Kaffee für sich und Ihren japanischen Besucher ...*
Herr Xaver:	*Wie könnte man solche Häufungen in Zukunft vermeiden?*
Frau Kienle, wieder nach langem Zögern, so als ob sie dem Frieden nicht traue:	*Ich müßte den Mut haben, das Allerwichtigste zuerst zu erledigen und die anderen Dinge aufzuschieben ...*
Herr Xaver, erleichtert, es scheint voran zu gehen:	*Was hindert Sie daran, diesen Mut zu entwickeln?*
Frau Kienle:	*Ihre heftigen Reaktion und Ihre Kritik.*
Herr Xaver:	*Danke, daß Sie mir das sagen. Das ist hilfreich für mich, da ich meine Wirkung auf Sie bisher nicht ermessen konnte ...*
Frau Kienle, Schweigen	
Herr Xaver:	*Lassen Sie uns ein Abkommen schließen: Wann immer ich zu heftig werde, sagen Sie es mir! Und Ihre Arbeitsorganisation verantworten Sie ab sofort alleine. Ich werde mich nicht mehr einmischen. Falls ich es dennoch mache, müssen Sie es mir sagen ...*

Frau Kienle, kleinlaut:	*Ja, wir können es ja probieren ...*
Herr Xaver:	*Und in 4 Wochen setzen wir uns zusammen, werten aus und schauen, wie es gegangen ist ...*
Frau Kienle, erleichtert, anscheinend mit neuem Mut:	*Oh ja, in Ordnung; ich trage den Termin gleich ein!*

Ermöglichen von Selbstorganisation

Konzeptuelle Vorüberlegungen

Wer glaubt nicht zu wissen, wie man Selbstorganisation gestaltet oder besser: ermöglicht. Wir haben es hier glücklicherweise mit einem „sich selbst erklärenden Begriff" zu tun. Dabei ist gerade die Selbstorganisation die Form der Arbeitsorganisation, die klassischerweise in den Unternehmen zu kurz kommt. In hierarchischen Organisationen sind die Menschen gewöhnt, auf Anordnung und nach klaren Vorgaben zu arbeiten. Von bewußter Selbstorganisation kann da nur selten die Rede sein. Und doch findet sie immer statt. Überall da, wo Menschen zusammenkommen, wird Selbstorganisation durchgeführt.

Auch wie sich Chefs/Chefinnen und Mitarbeitende über mehrere Hierarchiestufen hinweg organisieren, ist im Kern selbstorganisiert, da nichts so abläuft, wie es das Organigramm oder das Top-Management vorgibt. Hier findet sich der Schmelztiegel zwischen Chaos und Struktur. Chaos zeigt sich immer sofort in jedem kleinen Bereich, der nicht ganz exakt vordefiniert ist: Wer ergreift das Wort zuerst, wenn die Chefin etwas zu spät zum Team-Meeting kommt? Wie sagt Frau Maier ihren Kolleginnen, daß ein neues Softwareprogramm in der Erprobung ist? Wie organisieren sich die Kolleginnen und Kollegen, wenn ein/e Teamleiter/in aus dem Team heraus benannt werden soll? Die Beispiele sind endlos. Genau an diesem Punkt, dort wo Chaos und Struktur zusammenstoßen, entwickelt sich jedoch die Kreativität, dort ist Raum für ungewöhnliche Leistungen, dort können neue Verfahrensweisen „erfunden" und „zufällig" neue Produktideen entwickelt werden.

Selbstorganisation so verstanden findet „per Zufall" dauernd statt, nur wird sie nicht im Sinne der Innovation genutzt, geschweige denn gefördert oder bewußt herbeigeführt. Ein Management, das die Innovation im Unternehmen vorantreiben will, wird dieses Phänomen daher an vielen Stellen und in vielen Einzelsituationen bewußt zu erzeugen trachten bzw. bewußt zulassen. Dabei darf jedoch nicht vergessen werden, nach den Zufallsprodukten „zu suchen" und nach den Kreativergebnissen zu fragen.

Beispiel:

Johnson & Johnsons zufälliger Eintritt ins Konsumgütergeschäft

1890 erhielt das Unternehmen, das damals hauptsächlich antiseptischen Verbandsmull und medizinische Pflaster herstellte, einen Brief von einem Arzt, der darauf hinwies, daß Patienten nach der Anwendung bestimmter medizinischer Pflaster über Hautreizungen geklagt hätten. Fred Kilmer, der damalige Forschungsdirektor des Unternehmens, reagierte unverzüglich, indem er dem Arzt ein Päckchen italienischen Talkums zuschickte, das auf die betroffenen Hautpartien aufzutragen war und den Juckreiz linderte. Anschließend überzeugte er die Unternehmensleitung davon, daß es sinnvoll sei, der Standardpackung ein Päckchen Talkum beizugeben. Zur Überraschung des Unternehmens meldeten sich schon bald immer mehr Kunden, die das Talkum getrennt kaufen wollten. J&J reagierte darauf, indem es ein eigenständiges Produkt mit dem Namen „Johnson's Toilet and Baby Powder" auf den Markt brachte, das in vielen Ländern der Erde zu einem Standard-Haushaltsartikel wurde. Laut J&J's eigener offizieller Firmengeschichte traten die Johnsons eher zufällig in das Babypuder-Geschäft ein. Noch wichtiger aber war, daß das Unternehmen damit einen kleinen Schritt getan hatte, aus dem schließlich eine grundlegende strategische Neuausrichtung auf Konsumgüter wurde – ein Zufall, dem J&J einmal 44 Prozent seiner Erträge verdanken würde – und der für das Wachstum des Unternehmens ebenso bedeutsam war wie die Herstellung von medizinischen Geräten und Pharmaprodukten.

Später stieß J&J wiederum durch Zufall auf ein weiteres bekanntes Produkt. 1920 entwickelte der Firmenangehörige Earle Dickson einen gebrauchsfertigen Verband – der aus medizinischem Klebeband mit kleinen Gazestücken und einer speziellen Beschichtung bestand, um das Festkleben an der Haut zu verhindern – für seine Frau, die ein besonderes Talent dafür hatte, sich mit Küchenmessern zu schneiden. Als er den Vertriebsleuten von seiner Erfindung erzählte, beschlossen diese, das Produkt auf dem Markt zu erproben. Nach einem verhaltenen Einstand und unentwegten Verbesserungen wurden Heftpflaster zum bedeutendsten Umsatzträger in der Geschichte des Unternehmens und festigten den „zufälligen" strategischen Einstieg von J&J ins Konsumgütergeschäft (Collins, Porras, 1995, S. 201-202).

Und:

Wir beschreiben die Evolution gern als einen Prozeß des „Verästelns und Ausputzens". Dem liegt eine einfache Vorstellung zugrunde: Wenn man einen Baum hinreichend viele Äste treiben läßt (Variation) und die abgestorbenen Äste sorgfältig wegschneidet (Selektion), dann wird man höchstwahrscheinlich einen Baum mit gesunden Ästen erhalten, der alle Voraussetzungen erfüllt, um in einer sich ständig wandelnden Umwelt zu gedeihen.

Bis auf den heutigen Tag fördert Johnson & Johnson gezielt diesen Prozeß des „Verästelns und Ausputzens". Man probiert eine Menge aus, hält an dem, was sich bewährt hat, fest und läßt alles andere schnellstens fallen. Man begünstigt die Variation, indem man ein Arbeitsumfeld schafft, das durch eine starke Dezentralisierung geprägt ist und in dem individuelle Initiative und das Experimentieren mit neuen Ideen gefördert werden. Zugleich wendet J&J strenge Selektionskriterien an. Nur die Experimente, die sich als gewinnträchtig erweisen und die mit der Philosophie von J&J in Einklang stehen, werden in das Geschäftsbereichs-Portfolio des Unternehmens aufgenommen.

Mit seiner oft wiederholten Aussage: „Der Mißerfolg ist unser wichtigstes Produkt" hat R. W. Johnson jr. darauf hingewiesen, daß Unternehmen fehlgeschlagene Experimente als Teil ihres evolutionären Fortschritts akzeptieren müssen. Und tatsächlich mußte J&J im Verlauf seiner Geschichte etliche schwere Fehlschläge erleiden, etwa seinen Ausflug auf das Gebiet von Genußmitteln auf Cola-Basis (bestehend aus Sherry und Colanußextrakt) und farbigen Gipsverbänden für Kinder, denen „ein frühzeitiges Ende beschert war, als die reinen Lebensmittelfarben die Bettwäsche in eine Farbensymphonie und Krankenhauswäschereien in ein Tollhaus verwandelten" (ebenda S. 210).

Auswertung

Die beschriebenen Beispiele zeigen, wie mit dem gezielten Einsatz von Freiräumen, dem Aufgreifen von Zufallsergebnissen und dem Austesten im Hinblick auf nutzbringenden Erfolg der Unternehmenserfolg vielfältig und intensiv gefördert werden kann.

Im folgenden sind die Prinzipien zum Ermöglichen von Selbstorganisation zusammengefaßt.

Ziele:

- Selbständiges und eigenverantwortliches Arbeiten der Mitarbeiterinnen und Mitarbeiter
- Dadurch höhere Motivation
- Entlastung der Chefinnen und Chefs/Coaches
- Erhöhung der Zufallsrate von kreativen Ergebnissen
- Bessere Teamkooperation
- Höhere Effektivität und Effizienz
- Delegieren von Tätigkeiten und Verantwortlichkeiten
- Nicht-Einmischung (oft schwierigste Aufgabe für die Chefinnen und Chefs)
- Schwierigkeitsgrad der Aufgabe soll Herausforderung darstellen
- Aufgabe soll Motivation erhöhen
- Meilensteine bestimmen und dort Rückkoppelung

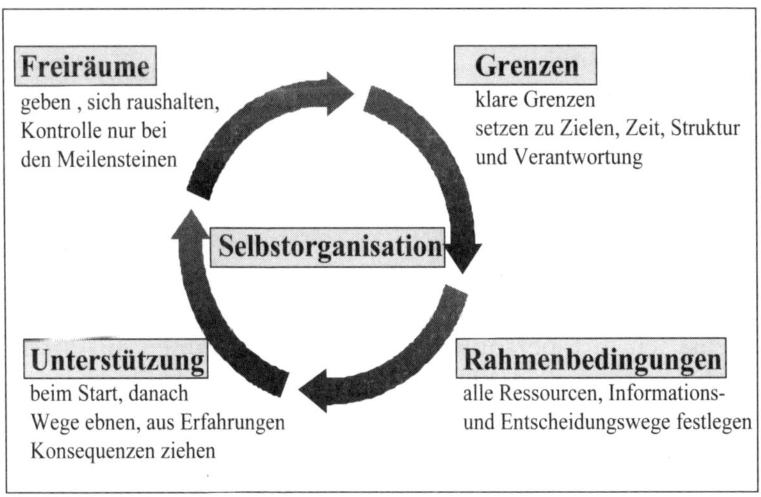

Selbstorganisation von Organisationseinheiten – Welche Rolle hat das Management?

Motivationssteigerung im Coaching-Prozeß

„Ersteige jeden Berg,
durchwate jeden Fluß,
folge jedem Regenbogen,
bis du deinen Traum findest.“
Eleanor Taylor

Kann man erwarten, daß Menschen mit höchster Energie und mit hoher innerer Beteiligung an ihrer Arbeit interessiert sind? Kann man erwarten, daß sie ihre persönlichen Ziele und vielleicht sogar ihre Träume und Visionen mit der Arbeit im Unternehmen verknüpfen?

„Visionen entstehen,
wenn Gedanken blitzen,
Gefühle durcheinander wirbeln
und Probleme uns treiben.

Visionen spielen in
Tag- und Nachtträumen,
lassen Ideen für die Zukunft entstehen,
die Wege geheimnisvoll führen.“

Gisela Osterhold

Oder fragen wir anders: Unter welchen Umständen verbinden Menschen ihre persönlichen Ziele und Visionen mit ihrem „Job“, unter welchen Bedingungen geben sie ihr Bestes, sind sie höchst motiviert und verhalten und fühlen sich tatsächlich als Unternehmer und Unternehmerin im Unternehmen?

Dies ist dann der Fall, wenn sie persönlichen Gestaltungsspielraum haben und ihre Arbeit persönlich verantworten; wenn besondere Leistung auch besonderen Erfolg und besondere

Entlohnung bedeutet und wenn sich die Kolleginnen und Kollegen anerkannt fühlen. Wenn dies der Fall ist, geben die Mitarbeiterinnen und Mitarbeiter ihr Bestes und verbinden ihre persönlichen Ziele und ihr persönliches Schicksal mit dem des Unternehmens.

Hier kommen den Chefinnen und Chefs als Coaches besondere Aufgaben zu:

- Die Rahmenbedingungen werden so gestaltet, daß die Mitarbeiterinnen und Mitarbeiter ihre Arbeit selbständig und eigenverantwortlich gestalten können.
- Es wird ein Klima von gegenseitiger Akzeptanz und Wertschätzung geschaffen.
- Die Mitarbeiterinnen und Mitarbeiter werden in erster Linie als fühlende und denkende Menschen und nicht als Rädchen im Räderwerk Unternehmen gesehen und behandelt.
- Die Chefs und Chefinnen als Coaches sind am Leben ihrer Mitarbeiterinnen und Mitarbeiter interessiert und zeigen dies durch Fragen und Anteilnahme.
- Die Leistungen der Mitarbeiterinnen und Mitarbeiter werden in Worten und Taten anerkannt.
- Auch sogenannte „niedere" Arbeiten tragen zum Unternehmenserfolg bei und die damit betrauten Personen erhalten dieselbe Wertschätzung wie VIPs (Stichwort: „die Treppe von oben nach unten putzen").
- Fehler und Fehlleistungen werden als Informationen gesehen und behandelt; sie werden als Aufforderung zur Verbesserung und nicht als Degradierungs- und Abwertungsanlaß genommen.
- Die regelmäßigen Teamsitzungen werden als Kooperationsinstrument zur Erzeugung von Synergien und nicht als „Ich-sage-euch-mal,-was-hier-zu-laufen-hat"-Veranstaltung betrachtet.
- Die Teams werden als Leistungserbringer gesehen und behandelt, individuelle Leistung ist nur im Kontext der Unterstützung durch viele möglich.

- Die Chefs und Chefinnen als Coaches fühlen sich der Transparenz verpflichtet: Informationen werden grundsätzlich an die Mitarbeiterinnen und Mitarbeiter weitergegeben; Wissen und Informationen werden nicht als Macht- und Herrschaftsinstrument mißbraucht.
- Über anstehende Veränderungen wird rechtzeitig informiert.
- In Phasen von Turbulenz und Irritationen stehen Chefinnen und Chefs ihren Mitarbeiterinnen und Mitarbeitern mit Rat und Tat unterstützend zur Seite.
- Auf diese Art wird die menschliche und soziale Kompetenz zum entscheidenden Kriterium für die Führungskraft.

Diese Hinweise sind Grund- und Rahmenbedingungen für eine motivierte Haltung der Mitarbeitenden.

Darüber hinaus bietet jeder persönliche Kontakt mit einem oder mehreren Mitarbeiterinnen und Mitarbeitern die Möglichkeit, durch die Gesprächsführung in gezielter Weise auf eine Motivationssteigerung hinzuwirken.

Dies geschieht durch:

- Fragen, wie die Mitarbeiterinnen und Mitarbeiter ihre Arbeit erleben:
  Wie erleben Sie Ihre Tätigkeit? Macht Ihnen Ihre Arbeit Spaß?
- Einbeziehen der persönlichen Ziele der Mitarbeiterinnen und Mitarbeiter:
  Welche Ziele haben Sie sich eigentlich für Ihre Karriere gesteckt? Worauf streben Sie hin in Ihrer Tätigkeit? Entspricht Ihre Tätigkeit Ihren Wünschen und Zielen?
- Erfragen, ob die Tätigkeit interessant genug ist und genügend Herausforderungen bietet:
  Fühlen Sie sich in Ihrer Tätigkeit genügend gefordert? Entspricht Ihre Arbeit Ihren Anforderungen? Fühlen Sie sich genugend herausgefordert? Weckt Ihre Tätigkeit Ihr Interesse?

- Erfragen, ob die Mitarbeiterinnen und Mitarbeiter mehr Gestaltungsspielraum und evtl. mehr persönliche Verantwortungsübernahme wünschen:
  Brauchen Sie mehr Freiheiten in Ihrer Arbeit? Fühlen Sie sich durch die Rahmenbedingungen in unserer Abteilung eher eingeengt – oder eher zur aktiven und verantwortlichen Gestaltung herausgefordert?
- Erfragen, ob die Mitarbeiterinnen und Mitarbeiter sich zu Verbesserungsvorschlägen und kreativen Ideen herausgefordert fühlen:
  Ist für Sie hier das Klima eigentlich so, daß Sie sich zu Verbesserungsideen herausgefordert fühlen? Was haben Sie für Ideen, wie man die Arbeitsorganisation unserer Abteilung verbessern könnte? Haben Sie Ideen für eine Verbesserung des Produktes XY? Wie könnten wir unsere Kommunikation hier in der Abteilung verbessern?
- Berücksichtigen, ob sich die Mitarbeiterinnen und Mitarbeiter in ihren Vorschlägen gehört und dafür anerkannt fühlen:
  Finden Sie, daß ich Ihre Idee aus der letzten Teamsitzung genügend aufgegriffen habe? Finden Sie, daß wir genügend zu ihrer Umsetzung getan haben?
- Allgemeine Fragen zur Verbesserung in der Abteilung:
  Was denken Sie, könnte hier besser werden?
- Erfragen, ob die Mitarbeiterinnen und Mitarbeiter sich eventuell neue Aufgabengebiete mit größeren Herausforderungen wünschen:
  Denken Sie, daß Sie vielleicht Fähigkeiten haben, die das Unternehmen noch nicht genügend nutzt? Bei welcher Tätigkeit könnten Sie Ihre Talente am besten einbringen und nutzbringend einsetzen?

Besonders der folgende Leitsatz zeigt die Philosophie, die dem Coaching-Ansatz zugrunde liegt:

> *Wir wollen den Mitarbeiterinnen und Mitarbeitern die Gelegenheit bieten, ihre Kräfte und Fähigkeiten, ihre Ideen*

und ihren Enthusiasmus in die Arbeit zu ihrer eigenen Zufriedenheit und zum Nutzen des Unternehmens einzubringen und umzusetzen.

Raster für ein Coaching-Gespräch

Folgende Vorgehensweise hat sich im Coaching-Gespräch bewährt. Sie dient bereits vielen Führungskräften als Orientierung.

1. „Was ist Ihre Frage, Ihr Problem?“
2. Erarbeiten einer Zieldefinition (Ziel und Zwischenziele)
3. Erfragen des aktuellen Zustandes (Wie ist es jetzt geregelt?)
4. Wie können die Ziele erreicht werden? (möglichst drei unterschiedliche Optionen entwerfen)
5. Konkretes Vorhaben und Vorgehen erarbeiten (klar und präzise) und sich entscheiden (Commitment)
6. Erneute Überprüfung der Ziele und der Motivation
7. Eventuelle Einwände und Schwierigkeiten vorwegnehmen
8. Feedback-Schleife einrichten

Zielvereinbarungen im Coaching-Gespräch

Am Ende eines Coaching-Prozesses sollten die Mitarbeiterin und der Mitarbeiter etwas können oder erreicht haben, was sie vorher nicht konnten. Die Veränderung wird sich im Verhalten, in Ergebnissen und in den Einstellungen zeigen. Coaching ist eng gekoppelt an die berufliche Realität, kann sich aber auch im sozialen oder privaten Leben auswirken. Hierbei kommt der Erarbeitung der Zieldefinition besondere Bedeutung zu. Sinnvoll erscheint eine Unterscheidung zwischen übergeordneten, meist mit visionären Elementen behafteten *Endzielen,* die jedoch nicht ausschließlich der eigenen Kontrolle unterliegen, und *Leistungszielen,* die eine klar definierte, kontrollierbare Vorgabe festlegen.

Die Ziele sollten sein:

SMART

Spezifisch	**S**pezific
Meßbar	**M**easurable
Erreichbar	**A**ttainable
Realistisch	**R**ealistic
Zeitlich gegliedert	**T**ime phased

PURE

Positiv formuliert	**P**ositively stated
Verstanden	**U**nderstood
Relevant	**R**elevant
Moralisch	**E**thical

und

CLEAR

Lockend	**C**hallenging
Legal	**L**egal
Umweltverträglich	**E**nvironmentally sound
Akzeptiert	**A**greed
Protokolliert	**R**ecorded

Quelle: John Whitmore, Coaching für die Praxis, Frankfurt 1994

Je mehr der angeführten Eigenschaften eines Ziels erfüllt sind, um so erfolgreicher gestaltet sich der Coaching-Prozeß. Erreichbar und lockend muß das Ziel auf alle Fälle sein, da sonst jede Hoffnung und Motivation verloren geht.

Auch erscheint es wenig erfolgversprechend, wenn Chefinnen und Chefs auf Mitarbeitende einreden, um ihre Ziele deutlich zu machen, und anschließend denken, alle hätten zugestimmt. Auf Grund der hierarchischen Beziehung konnten die Mitarbeitenden nicht anders als zustimmen. Ein Coach wird sehr feinfühlig darauf achten, daß die vereinbarten Ziele von seinen Mitarbeiterinnen und Mitarbeitern mitgetragen sind. Wichtig ist, daß alle Beteiligten sie akzeptieren. Im Endergebnis müssen die angestrebte Leistung und der systematische Verlauf aufeinander aufbauen, dann geht es bergauf.

Folgende Kernregeln sollten Führungskräfte während des Coaching-Gesprächs beachten:

Kernregeln

- Beschreiben statt beurteilen
- Anerkennung der bisher gefundenen Lösung
- Ermutigungen aussprechen
- Ansprechen von körperlichen und gefühlsmäßigen Reaktionen
- Wertesysteme und innere Ziele der Mitarbeitenden mit einbeziehen

Vorbereitung auf ein Coaching-Gespräch

Beim Umstellen der Gesprächsführung auf Coaching tun sich die Führungskräfte oft noch schwer: sie brauchen mehr Zeit, die neuen Instrumente sind noch ungewohnt, die Mitarbeiterinnen und Mitarbeiter reagieren erstaunt auf die neuen Vorgehensweisen und spielen noch nicht mit wie erwartet. Der erhöhte Zeitaufwand ist vorübergehend. Nach einiger Übung und Einführung des „neuen Stils“ in der Abteilung ist der Zeitaufwand geringer als vor der Änderung. Auf jeden Fall ist es hilfreich, wenn sich die Führungskraft auf ein Coaching-Gespräch anhand des folgenden Fragerasters vorbereitet.

- Was soll der Mitarbeiter lernen/entwickeln? (Zielvereinbarungen)
- Welche Ressourcen sind bereits vorhanden und können ausgebaut werden?
- Auf welche Herausforderungen und Chancen könnte ich treffen?
- Welche Lösungen können entwickelt werden?
- Bis wann? (Zeitplan)
- Wie und durch wen wird er/sie unterstützt? (Unterstützungsplan)
- An was messen wir gemeinsam den Erfolg? (Meßkriterien festlegen)
- Welche Probleme und Turbulenzen müssen durchschritten werden?
- Wann brauche ich Überprüfung durch Meilensteine?

Fallbeispiele

Beispiel 1:

Der Gruppenleiter kommt zum Abteilungsleiter, ist niedergeschlagen und sauer und bittet diesen um Unterstützung.

Gruppenleiter: „Meine Leute tun nicht das, was ich von ihnen erwarte! Reden Sie mal ein Machtwort!“

Abteilungsleiter: „Erzählen Sie mal, was ist denn genau passiert!"

Gruppenleiter: „Ja, also gestern, als ich ins Büro kam, ..."

Abteilungsleiter: „Seit wann geht das schon so?"

Gruppenleiter: „Im Prinzip eigentlich schon seit langer Zeit, seit zwei Monaten ist es aber auffällig schlimmer."

Abteilungsleiter: „Was haben Sie bereits alles versucht, um eine Änderung zu erzielen?"

Gruppenleiter: „Tja, gestern habe ich getobt und rumgebrüllt, daß das hier ein Saustall wäre ..."

Abteilungsleiter: „Wie erklären Sie sich denn, daß Sie bisher keinen Erfolg hatten?"

Gruppenleiter: „Ich glaube, ich habe einfach keine Autorität bei den Leuten ..."

Abteilungsleiter: „Welche anderen Möglichkeiten sehen Sie, das Zusammenspiel Ihrer Leute zu verbessern?"

Gruppenleiter: „Ich müßte vielleicht konsequenter sein, und vielleicht müßte ich auch anders mit ihnen reden."

Abteilungsleiter: „Jetzt haben Sie zwei Ideen dazu, versuchen Sie mal noch eine dritte!"

Gruppenleiter: „Tja, es gibt ein oder zwei Stimmungsmacher dabei, wenn ich mal mit denen reden würde ...?"

Abteilungsleiter: „Wenn wir jetzt noch mal an den Anfang zurückgehen: Sie kamen ja mit dem Wunsch, daß ich mich einmischen und ein Machtwort sprechen sollte. Wie sehen Sie das jetzt?"

Gruppenleiter: „Ich glaube, das wäre nicht gut, ich würde noch schwächer erscheinen."

Abteilungsleiter: „Ja ich verstehe, Sie denken jetzt, das würde Ihre Position eher noch schwächen und es Ihnen für die Zukunft schwerer machen. Wie kann ich Sie denn statt dessen unterstützen?"

Gruppenleiter: „Sie könnten mir sagen, wie Sie in meinem Fall vorgehen würden!"

Abteilungsleiter: „Ich finde Ihre Idee gut, mal anders mit Ihren Leuten zu reden. Ich würde mich mit ihnen zusammensetzen und mit ihnen über ihre Ziele bei der Arbeit reden, welche Ziele sie haben, wie sie damit zufrieden sind..."

Gruppenleiter: „Ja, das habe ich noch nicht gemacht, ..."

Abteilungsleiter: „Gibt es andere Personen, die Ihnen dabei hilfreich sein könnten?"

Gruppenleiter: „Da fällt mir jetzt niemand ein ..."

Abteilungsleiter: „Überlegen Sie mal, was Sie jetzt noch als Vorbereitung für Ihr Vorgehen brauchen könnten? Fällt Ihnen noch was ein?"

Gruppenleiter: „Was mache ich, wenn ich hiermit nicht erfolgreich bin?"

Abteilungsleiter: „Jetzt stellen wir uns beide vor, wie Sie erfolgreich sein werden. Wir stellen uns beide darauf ein. Dann gehen Sie und setzen es erst einmal um. Und dann reden wir wieder miteinander."

Pause

Abteilungsleiter: „Na gut, dann lassen Sie uns mal verabreden, wann wir wieder darüber sprechen. Ich

	bin natürlich daran interessiert, wie es weitergeht, und würde Sie auch gerne darin unterstützen, daß Sie erfolgreich sind!“
Gruppenleiter:	„Ich denke, in 14 Tagen wäre gut ...“
Abteilungsleiter:	„Ja, o.k. – Apropos Erfolg, fällt Ihnen noch irgendetwas ein, was einer erfolgreichen Umsetzung Ihres Vorhabens im Wege stehen könnte?“
Gruppenleiter:	„Nein, vielen Dank!“

Beispiel 2:

Ein Mitarbeiter ist laufend krank. Seine Chefin vermutet, daß er „blau macht“, er wurde auch bereits in der Stadt gesehen. Die Chefin bittet den Mitarbeiter zum Gespräch.

Chefin:	„Herr Müller, ich will mal mit Ihnen reden.“
Mitarbeiter:	„Ja, was gibt es denn?“
Chefin:	„Sie sind in letzter Zeit sehr viel krank, so daß dies im Betrieb aufgefallen ist. In Ihrer Abteilung klagen die Leute, daß sie mit ihrer Arbeit nicht rumkommen.“
Mitarbeiter:	„Ja, was soll ich denn machen, denken Sie denn, ich bin absichtlich krank?“
Chefin:	„Nein, ich möchte mich allerdings mit Ihnen unterhalten, wie Ihnen die Arbeit gefällt, wie das Klima aus Ihrer Sicht in der Abteilung ist und auch, ob sie besondere Belastungen in Ihrem Leben haben.“
Mitarbeiter:	„Ja wissen Sie, ich lebe seit 5 Monaten wieder alleine, meine Frau ist mit unserem Sohn

zu ihrer Mutter zurückgezogen, und da ist das Leben nicht leicht. In der Abteilung machen sich die Kollegen nur lustig über mich, so daß ich es dort kaum aushalte."

Chefin: „Glauben Sie denn, das alles spielt eine Rolle bei Ihren Erkrankungen?"

Mitarbeiter: „Wie soll mich das nicht mitnehmen?"

Chefin: „Wie ist es denn mit der Arbeit, macht Ihnen die Arbeit Spaß?"

Mitarbeiter: „Nein, das ist alles so eintönig und langweilig, immer dieselben Formulare ausfüllen. Da könnten Sie ja fast eine Aushilfskraft daransetzen. Das entspricht in keiner Weise meiner Ausbildung, und Ihr Vorgänger hatte mir zugesagt, daß diese Arbeit nur vorübergehend sein sollte. Dann wurde er versetzt, und jetzt mache ich den Job schon seit drei Jahren!"

Chefin: „Welche Ideen haben Sie denn, wie man die Arbeit in der Abteilung anders gestalten könnte, und welche Rolle würden Sie denn für sich gerne sehen?"

Mitarbeiter: „Also, wenn Sie mich fragen würden, dann ..."

Chefin: „Ich halte das für eine gute Idee, wir sollten uns mal mit den anderen Kolleginnen und Kollegen zusammensetzen und gemeinsam über eine andere Gestaltung sprechen! Denken Sie denn, eine Umorganisation würde Ihnen wieder mehr Freude bei der Arbeit schaffen?"

Mitarbeiter: „Ja, das denke ich schon. Es wäre aber auch

wichtig, daß die Kollegen mich nicht wegen meiner Frau lächerlich machen."

Chefin: „Was haben Sie denn in dieser Richtung schon unternommen?"

Mitarbeiter: „Noch gar nichts. Ich bin einfach zu gekränkt."

Chefin: „Welche Ideen haben Sie denn, wie Sie mit Ihren Kollegen sprechen könnten, damit dieses Verhalten aufhört?"

Mitarbeiter: „Na, ich könnte Ihnen sagen, daß mich das nervt und mir nicht gut tut."

Chefin: „Und was weiter?"

Mitarbeiter: „Na, ich könnte speziell mal mit Bürkli reden, der hat vielleicht am ehesten Verständnis und würde das dann den anderen sagen!"

Chefin: „Haben Sie noch weitere Ideen?"

Mitarbeiter: „Vielleicht sollte ich auch mal in einer gemeinsamen Besprechung, wo Sie und alle anderen auch da sind, einfach mal sagen, daß es mir privat nicht gutgeht und daß mich das Gerede nervt?"

Chefin: „Welche Möglichkeit erscheint Ihnen am erfolgversprechendsten?"

Mitarbeiter: „Was meinen Sie denn? Sie fragen mich immer nur. Sagen Sie doch mal!"

Chefin: „Ich finde die offene Methode, mit allen zu sprechen, am sinnvollsten. Und wenn ich dann dabei bin, würde ich gerne auch ein paar Worte dazu sagen."

Mitarbeiter:	„Ja, das wäre gut!“
Chefin:	„Wie wollen wir es denn nun machen? Wie wäre es denn, wenn ich für nächste Woche eine gemeinsame Besprechung ansetzte, wir reden über die Arbeitsorganisation, und dann können Sie gleich auch Ihren Teil sagen?“
Mitarbeiter:	„Ja, o.k.“
Chefin:	„Und in 3-4 Wochen würde ich dann gerne noch mal mit Ihnen zu zweit reden, um zu hören, wie sich alles für Sie weiterentwickelt hat. Einverstanden?“
Mitarbeiter:	„Ja, gerne. Vielen Dank.“

Streß, Krisen und Konflikte – Coaching unter erschwerten Bedingungen

Streß, Krisen und Konflikte

Streß, Krisen und Konflikte gehören zu den gemeinhin wenig geliebten Phänomenen menschlicher Existenz. Dies ist auch für Chefinnen und Chefs nicht anders. Nachdem sie aber als Führungskräfte eine wichtige Vorbildfunktion haben und für die Stimmung in ihren Abteilungen eine besondere Verantwortung tragen, ist es um so wichtiger, daß sie auch unter erschwerten Bedingungen als Führungskräfte adäquat und beispielhaft reagieren können. Für die Coaches stellen die Streß-, Krisen- und Konfliktsituationen oft eine besondere Herausforderung dar, in denen der Coaching-Ansatz („Der Chef als Coach, die Chefin als Coach") sich besonders bewährt, in denen sich aber auch deutlicher zeigt, ob der Ansatz „in Fleisch und Blut" übergegangen ist.

Der Umgang mit Streß, Krisen und Konflikten ist natürlich in einem Unternehmen auch eine Frage der Kultur: neben den individuellen Besonderheiten der beteiligten Menschen gibt es in jeder Unternehmenskultur ausgesprochene und nicht-ausgesprochene Regeln über den Umgang mit Streß, Krisen und Konflikten. Hier erinnern wir nochmals an die Werte von Menschen. Viel zu oft wird das Fehlen von Konflikten mit einer guten Beziehung verwechselt, während ausgetragene Konflikte als Streit, als schlechte Beziehung bewertet werden. Beides, sowohl das Fehlen von Konflikten als auch der Streit, ist Verhalten der gleichen Art, nur mit veränderten Vorzeichen.

Gute Beziehungen zeichnen sich durch ein Konfliktmagement aus. *Konfliktmagement bezeichnen wir als den angemessenen Umgang mit Konflikten.* In manchen Unternehmen hat man den Eindruck, daß die Mitarbeiterinnen und Mitarbeiter immer gestreßt und gehetzt aussehen müssen, auf den Fluren wird nur gerannt und gehastet. Oder: Konflikte werden selten angesprochen, und man vermeidet das offene Konfliktmanagement. In einer Führungskultur, die den Coaching-Ansatz implementiert hat, sind Führungskräfte und Mitarbeitende daran gewöhnt, mit Konflikten offen und konstruktiv umzugehen. Letzten Endes läuft alles auf die Frage hinaus, wie man mit „schwierigen Situationen" umgeht. Und der Umgang damit entscheidet, ob man eine „Lern-Kultur" gestaltet.

Streß, Krisen und Konflikte sind nicht identisch, gehören jedoch häufig zusammen: Krisensituationen sind oft mit chronischen Konflikten verknüpft und lösen bei den beteiligten Personen Streß aus. Dennoch ist nicht jede Konfliktsituation identisch mit einer Krise und muß auch nicht notwendigerweise Streß auslösen. Außerdem tritt Streß in vielen Situationen auf, die nicht gleichzeitig das Ausmaß einer Krise annehmen.

Sowohl für Streß als auch für Krisen und Konflikte gilt, daß sie „uns nicht geschehen", sondern daß wir durch Denken, Deuten und Handeln an der Entstehung beteiligt sind.

Das „Bewußtseinsrad" zeigt, wie Menschen Informationen verarbeiten. Es gibt uns ein hilfreiches Konzept an die Hand, wie wir – ausgehend von der Wahrnehmung – unsere Deutungen und Handlungen verständlich machen und Veränderungsmöglichkeiten erkennen können.

Unsere Wahrnehmungen durchlaufen zunächst einen Filter der Bewertung, Deutung und Interpretation. Hier werden aufgrund von Erfahrungen zum Beispiel Gefahren erkannt und Freunde von Feinden unterschieden. Aber auch feinere Wahrnehmungen wie zum Beispiel das Runzeln der Stirn meines Gesprächspartners erfahren hier eine Einordnung. Je nachdem

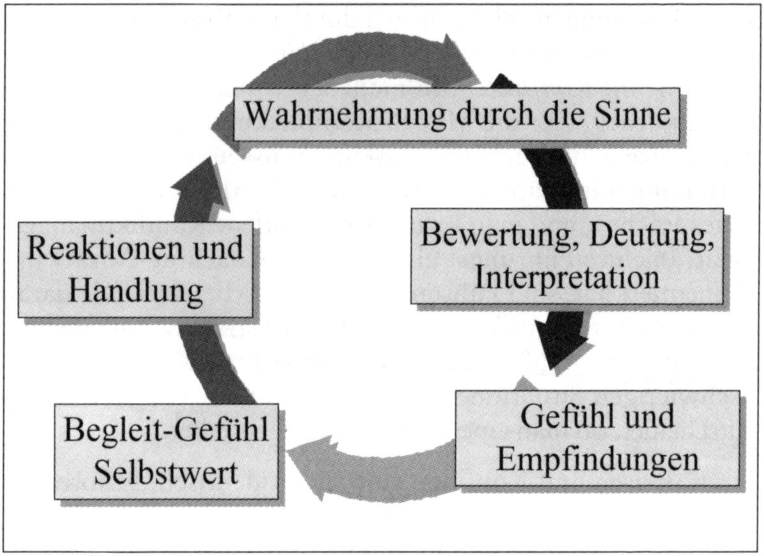

Das Bewußtseinsrad

wie wir nun eine Wahrnehmung interpretieren, reagieren wir mit unterschiedlichen Gefühlen darauf. Diese sind wiederum mit unserem Selbstwert verknüpft, und aus Deutung, Gefühl und Selbstwert gestaltet sich dann die auch für andere sichtbare Reaktion. An diesem vereinfachten Schema wird deutlich, daß die Schaltstelle bei Deutung und Interpretation liegt: „Die Menschen kranken an ihrer Interpretation der Welt" (Watzlawick, 1969).

Daraus leitet sich ab, daß wir je nach Einschätzung der Lage unterschiedlich reagieren: ist die Situation so, daß ich mit Streß reagiere?, halte ich das Geschehen für einen Konflikt? oder handelt es sich sogar um eine Krise? Hier wird aber auch nochmal deutlich, daß auch dieses Geschehen ko-kreativ ist. Es gibt keine „objektiven" Streßauslöser, keine objektiven Konflikte und keine objektiven Krisen. Alles ist eine Ko-Kreation vom Beobachter und seiner Umwelt.

Streßmanagement

Zunächst einmal ist es hilfreich, sich die eigene Grundhaltung zu vergegenwärtigen und zu fragen: Bin ich mehr auf Ziel und Ergebnis oder auf die zwischenmenschlichen und persönlichen Prozesse orientiert?

Je nachdem wie hier die Antwort ausfällt, finden wir bereits bei den mehr auf Ziel und Ergebnis orientierten Menschen eine größere Streßbereitschaft.

Eu-Streß und Dis-Streß

Eu-Streß

Eu-Streß tritt auf, wenn die Streß-Situation als Stimulation und positive Herausforderung erlebt wird. Es kommt zur Aus-

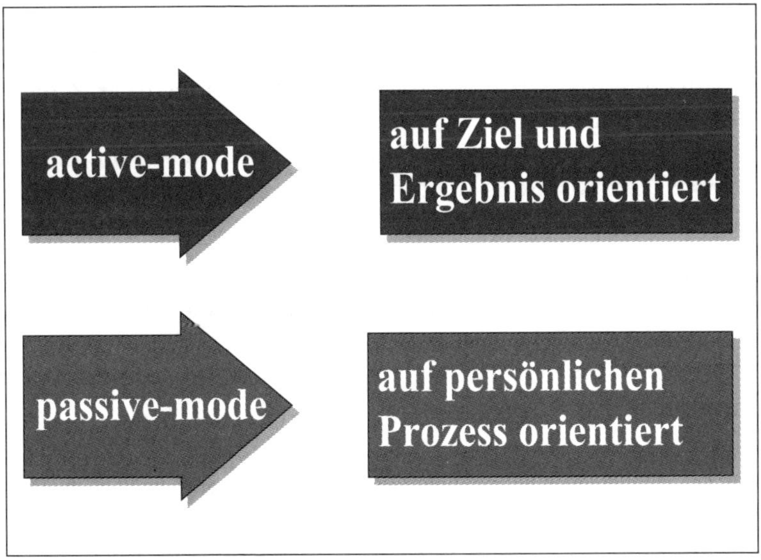

Streßmanagement: Wie ist meine Grundhaltung?

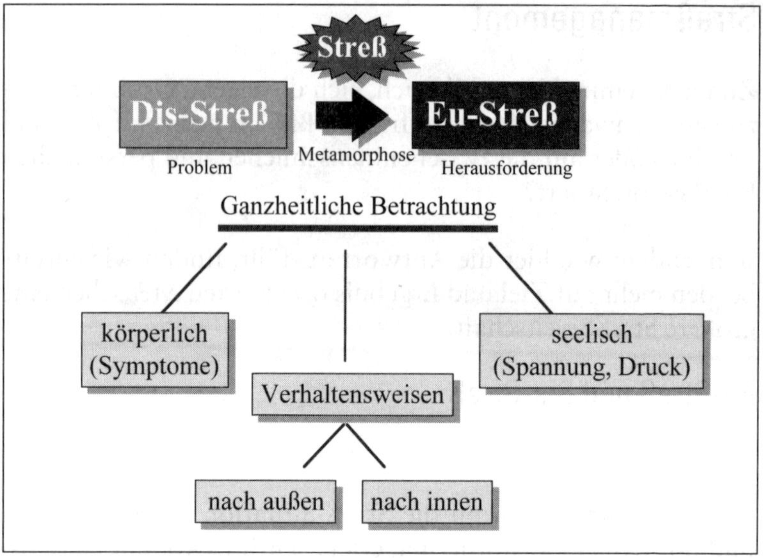

Streßformen

schüttung von Adrenalin und von Endorphinen, die sogar ein Hochgefühl (das berühmte „Champagner-Kribbeln“) erzeugen können. Es gehört dazu, daß sich der Körper anschließend wieder entspannt, denn ein Dauerstreß wird nicht als Eu-Streß erlebt. Dazu kommen noch bestimmte Qualitäten der Streß-Situation wie

- das subjektive Gefühl der freien Wahl
- das subjektive Gefühl der Kontrolle über die Situation und
- die Möglichkeit, Konsequenzen vorherzusehen

Streß und Kreativität

Neuere Forschungen haben außerdem ergeben, daß unter einem gewissen Ausmaß an Streß die Kreativitätsleistung der betroffenen Personen ansteigt. Folgende Abbildung stammt von dem Streßforscher Lennart Levi, dem Direktor des Laboratoriums für klinische Streßforschung der WHO.

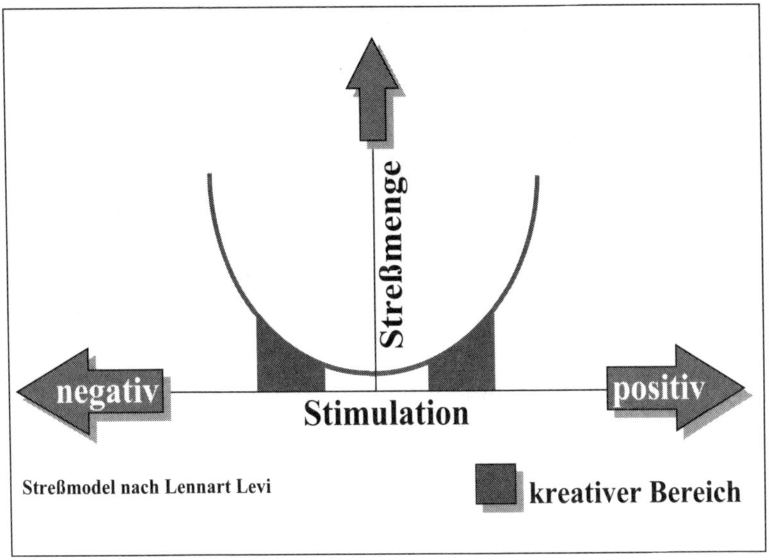

Streß und Kreativität: Die Abhängigkeit der Kreativität von Streß und Stimulation

Man sieht, daß der Streß (ausgedrückt durch die parabolische Kurve) unter Stimulation (Lärm, Anforderungen etc.) zuerst langsam, dann aber plötzlich exponentiell zunimmt. Dasselbe passiert auch bei Unterstimulation (linke Seite der Basislinie). In der Mitte, dort wo der Streß gering ist, ist die Kreativität gering. Auch außen auf beiden Seiten der Grundlinie, wo der Streß sehr hoch oder sehr gering ist, ist die Kreativität nicht groß. Nur im markierten Bereich, in dem Streß und Stimulation ausgewogen sind, gibt es im Prinzip die größte Kreativität.

Dis-Streß

Dis-Streß tritt auf, wenn die Streß-Situation als Überforderung empfunden wird, nicht angemessen verarbeitet werden kann und subjektiv als Bedrohung empfunden wird. Dis-Streß tritt weiter auf, wenn Adrenalin nicht abgebaut oder nicht benutzt wird und der Körper anschließend keine oder nur unzureichende Entspannung findet.

Unter Streß – sowohl unter Eu- wie auch unter Dis-Streß – verändert sich unser Verhalten. Ob wir aber eine Streß-Situation als „eu“ oder „dis“ erleben, hängt nicht nur von den „objektiven“ Gegebenenheiten, sondern stark von unserer eigenen Lebensgeschichte ab, d.h. wie wir gelernt haben, Streß-Situationen selektiv wahrzunehmen, zu bewerten und darauf zu reagieren. Hier spielen nicht zuletzt die kulturellen und gesellschaftlichen Muster eine wichtige Rolle.

Dennoch gibt es eine indiviuell spezifische (individuelles Streßmuster) Abfolge von Wahrnehmung – Bewertung – Reaktion (siehe dazu das „Bewußtseinsrad“ S. 104)

Wir reagieren dabei stets als ganze Person, d.h. unser Verhalten ist immer gekoppelt an unser Fühlen, unser Denken und unseren Selbstwert.

Reduktion der Gehirnleistung unter Dis-Streß

Unter Streß verändert sich unser Verhalten. Jeder kennt dies zum Beispiel bei Müdigkeit, Überforderung oder bei emotionaler Betroffenheit. Genauer gesagt heißt dies, unsere Handlungsoptionen reduzieren sich, unsere Flexibilität, auf schwierige Situationen angemessen und evtl. kreativ zu reagieren, nimmt oft rapide ab. Dieses Phänomen wird durch die folgende Abbildung erklärt.

Bei Beteiligung unseres Emotions- oder Instinkthirns reduzieren sich unsere Denk- und Reaktionsmöglichkeiten beträchtlich.

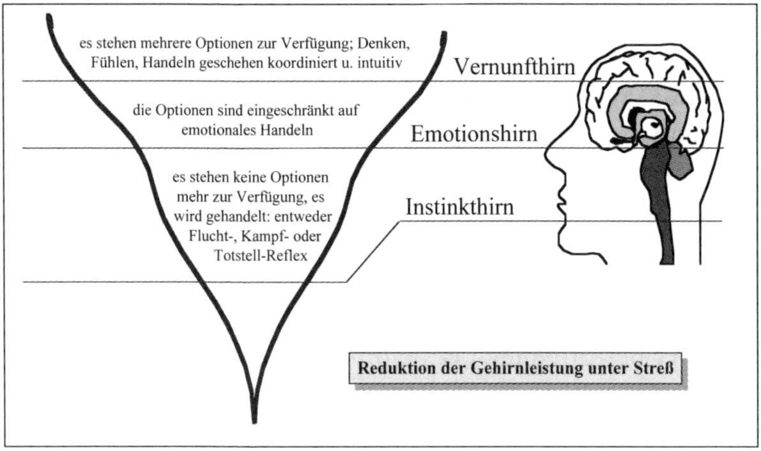

Streßmanagement: Zerebrale Voraussetzungen

Im folgenden werden die drei unterschiedlichen Hirnebenen erläutert.

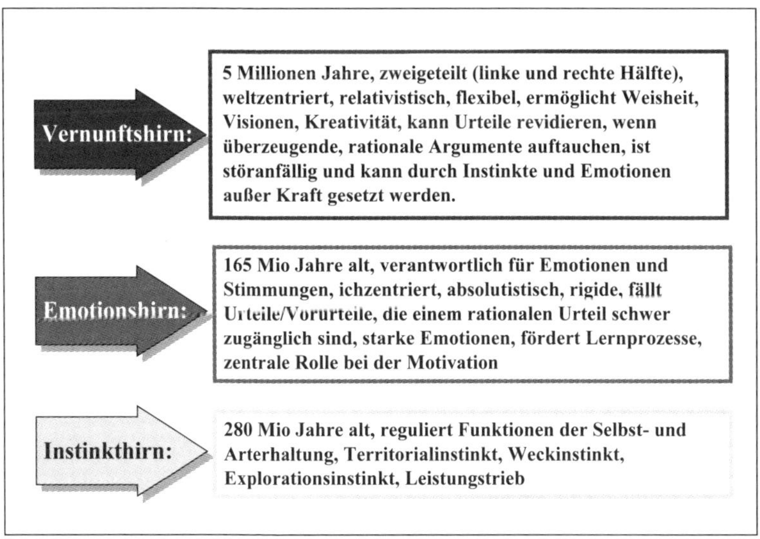

Die Gehirnebenen

Folgerungen

Bei Menschen, die auf der Ebene der Emotionen oder Instinkte betroffen sind, ist ein rationaler Zugang kaum möglich. Hierbei kann als Faustregel gelten, daß sie sich in ihren Gefühlen erst ernst- und angenommen fühlen müssen, bevor ein „Aufstieg in rationale Ebenen“ überhaupt anvisiert werden kann. Dies gilt jedoch hauptsächlich bei der Aktivierung des Emotionshirns bei Gefühlen von Verletztsein, Gekränktsein, bei Überforderungen etc.

Bei einer Betroffenheit der Instinkte ist der Zugang noch sehr viel schwieriger, da es sich hier meistens um Kampf-, Fluchtreflexe oder Totstellreflexe handelt. Hier geht es um existentielle Fragen, die in der Regel auch vom Coach nicht adhoc geklärt werden können. Typische Beispiele für eine Beteiligung des Instinkthirns sind die „Rücken-an-der-Wand“-Situationen. Hier wissen sich Menschen oft nicht mehr anders zu helfen, als daß sie mit Gewalt gegen sich selbst, andere Personen oder Dinge reagieren, oder sie zeigen Schockreaktionen, wie nach einem Unfall.

Veränderung der Streßmuster

Die Art und Weise, wie wir mit Streß umgehen, ist nicht angeboren und insofern veränderbar. Die folgende Darstellung zeigt die Möglichkeiten an.

Bei den Veränderungsmöglichkeiten im Sinne eines veränderten Umgangs mit uns selbst („nach innen“) handelt es ich im wesentlichen um den Einsatz verschiedener Entspannungstechniken.

Außen

- Identifizieren der Auslöser
- Zentralen Musteranteil auswählen
- Musterunterbrechung
- Absprache und Kontrolle

Innen

- Loslassen
- Entspannen
- Autogenes Training
- Selbsthypnose
- gelenkte Phantasie
- Muskelentspannung

Streßmanagement: Veränderung der Streßmuster

- <u>Autogenes Training (je 5x)</u>
  - es atmet mich
  - Arme/Beine schwer
  - Sonnengeflecht strömt warm
  - Stirn kühl und frisch
- <u>Selbsthypnose</u>
  - In die Entspannung zählen (1 bis 10 und zurück). Dabei die Zeit visualisieren.
  - Ort der Stärke, Gesundheit und Kraft, positive Affirmation
- <u>Muskelentspannung</u>
  - Anspannen (Stufen 1 bis 3), entspannen und loslassen (3x)
- <u>Erholung</u>
  - an die frische Luft
  - etwas trinken
  - positive Gedanken

Möglichkeiten der Selbstentspannung

Bei den Veränderungsmöglichkeiten auf der Handlungsebene („nach außen“) hat sich die Unterlassensaufgabe besonders bewährt, deren zentrale Elemente in der folgenden Abbildung aufgeführt werden:

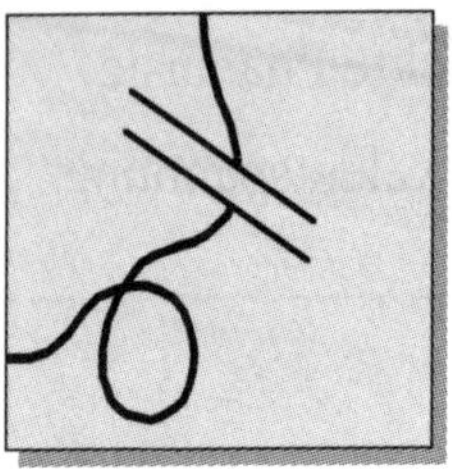

- **Motivation überprüfen und aufbauen**
- **Bewußtmachen, daß hohes Durchhaltevermögen nötig sein wird**
- **als Experiment bezeichnen**
- **Durchführung für einen überschaubaren und begrenzten Zeitraum**
- **Auswahl eines zentralen Verhaltensanteils (Muster)**
- **Empfehlung, Durchführung und**
- **Kontrolle**

Musterunterbrechung durch Unterlassung

Konfliktmanagement

Hier machen wir uns zunächst bewußt, daß das Konfliktmanagement im Rahmen der Muster und Regeln der Zusammenarbeit nur eine Verhaltensweise unter mehreren betrifft. Die Art, wie wir kooperieren oder über Kooperation nachdenken, ist eng mit der Frage des Konfliktmanagements verbunden.

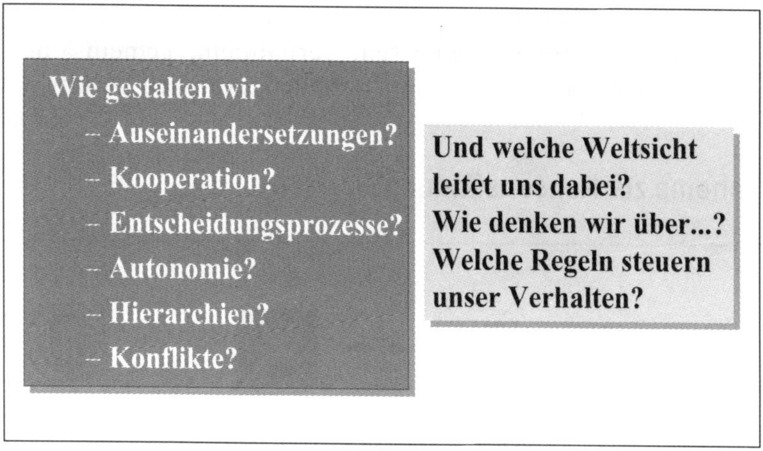

Konfliktmanagement: Muster und Regeln der Zusammenarbeit

Das Beschäftigen mit Konfliktmanagement ist allerdings für viele Coaches besonders bedeutsam, da sie speziell dafür häufig keine brauchbaren Instrumente besitzen. Dazu kommt, daß die Erfahrungen aus der Sozialisation oft nur frustrierende, enttäuschende oder sogar destruktive Erinnerungen heraufbeschwören. Um so wichtiger ist die Entwicklung neuer Handlungsstrategien.

Vorgehen bei Konflikten

- Was will der andere? Sein Interesse?
  – zuhören, nachfragen, Deutungen überprüfen (Bewußtseinsrad), spiegeln („Ich verstehe Sie so ...“)
- Was will ich?
  – klarwerden der eigenen Position, Konsequenzen überprüfen („angenommen ...“), Spielraum abstecken
- Wie vermittele ich meine Position?
  – Interesse des Gegenübers wecken, mitteilen, Kontext und Hintergrund erläutern, prüfen („Haben Sie mich verstanden?“)

- Win-win-Lösung suchen
  - stehen- und wirkenlassen, verhandeln, gemeinsamen Nenner suchen, Ergebnis festhalten, eventuell Vertrag

Schema zur Konsensfindung

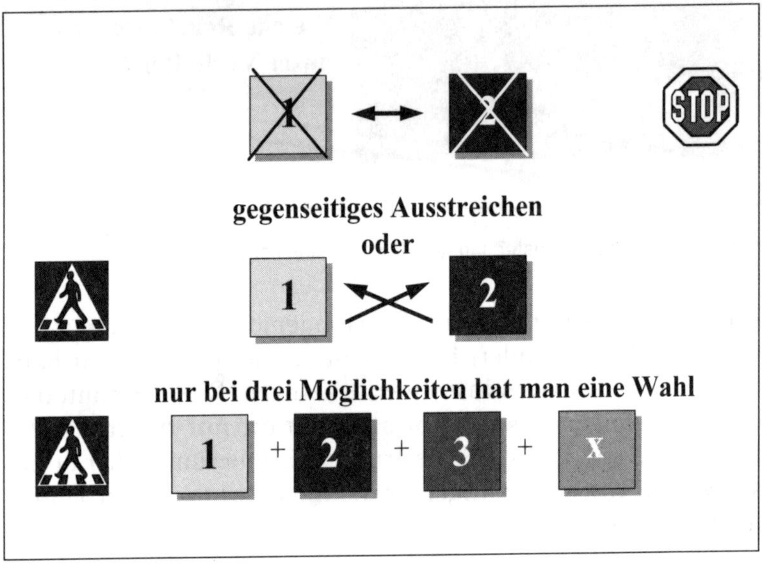

Konfliktmanagement: Konsensfindung

Haben die am Konflikt beteiligten Parteien erst einmal festgestellt, daß sie anscheinend polar gegenüberstehende Meinungen oder Inhalte vertreten, versucht man zunächst, den anderen zu überzeugen. Gelingt dies nicht, tauchen bald Formulierungen und Handlungsweisen auf, die darauf zielen, den anderen als Person zu disqualifizieren. Diese Handlungen münden häufig in wenig angenehmen Ideen von „Vernichtung“, „Flucht“ und „Unterwerfung“, dem gegenseitigen Ausstreichen (siehe Abbildung).

Jede Partei ist von der Bedeutung und Richtigkeit ihres Interesses überzeugt, obwohl die Widersprüchlichkeit, ja Unvereinbarkeit unübersehbar ist. Dieses Art des Konfliktmanagements ist weder besonders erfolgreich, noch bringt es dem Unternehmen einen Fortschritt, deshalb „Stop".

Da beide Pole jedoch in einem vorgegebenen Kontext auch ihre Berechtigung und Richtigkeit haben und das gegenseitige Ausstreichen keinen Gewinn im Sinne von Ergänzung und Verbesserung verspricht, wird nach Kompromissen gesucht. Dieser Weg erlaubt es bereits, Einsicht in die Berechtigung und die Vorteile der Gegenvorschläge zu bekommen. An dieser Stelle wird in Konflikten häufig ein Berater oder Coach eingeschaltet. Zunächst ergeben sich dann Möglichkeiten zur Kompromißbildung, das heißt Vorteile werden in einem gemeinsamen Ganzen zusammengefaßt.

Dieser gangbare Weg beinhaltet jedoch die Gefahr, daß sich die Konfliktbeteiligten einigen, ohne die Möglichkeit einer vollkommen anderen, noch nicht gedachten Lösung einzubeziehen. Gerade die polar erscheinende Unvereinbarkeit von Interessen bietet häufig die Basis für vollkommen neue Ideen und kreative Lösungen.

Eine Konsensfindung in unserem Sinne besteht somit nicht nur aus der wirksam erscheinenden Mischung zweier Interessen oder Meinungen, sondern dem Vergrößern der Wahlmöglichkeiten. Die Aufgabe des Coaches besteht darin, diese Wahlmöglichkeiten mit den Beteiligten zu erarbeiten. Erst bei drei Möglichkeiten, besser noch bei drei plus x Möglichkeiten, hat man wirklich eine Wahl.

Acht Prinzipien des Konfliktmanagements

In den folgenden acht Prinzipien des Konfliktmanagements sind die Essentials für die Konfliktmoderation zusammengefaßt. Sie können generell auf alle Fälle eines Konfliktmanagements angewandt werden.

1. Wir bejahen Konfliktmanagement, d.h. den Umgang mit Konflikten. Das Fehlen von Konflikten macht uns eher unruhig.
2. Zu Konflikten gehören mehr als eine Person: Betroffene, Beteiligte und Verantwortliche. Wer zu dieser Gruppe nicht gehört, sollte sich raushalten und sich nicht einmischen.
3. Konflikte sind kein Kampf, sondern wir suchen Lösungen. Dadurch gibt es keine Gewinner und Verlierer.
4. Konflikte sind wie ein Gewitter, sie bauen sich auf, und die Luft danach ist frisch und bereinigt.
5. Konflikte dulden keinen Aufschub; spätestens am nächsten Tag oder innerhalb einer Woche muß darüber gesprochen sein.
6. Konflikte werden nicht durch „aus dem Wege gehen“ bereinigt, sondern durch Kontakt und Begegnung, also direkt und offen und „an einem gemeinsamen Tisch“.
7. Die Selbsthilfe der Betroffenen, Beteiligten und Verantwortlichen steht im Vordergrund: Selbsthilfe ist erstes Prinzip.
8. Fremdhilfe wird in Form von Moderation gesucht, nicht als Schiedsrichter. Vorgesetzte erkennen die Verführung sich einzumischen und bringen den Konflikt auf die richtige Ebene.

Mediation

Als weiteres wichtiges Instrument der Konfliktmoderation ist die Mediation bekannt. Die Mediation wird bei unterschiedlichsten Konflikten eingesetzt; besonders bekannt ist sie als Verbindung zwischen juristischer und psychotherapeutischer Beratung in Scheidungsfällen und als Umweltmediation in den

USA zwischen Regierungsinstitutionen, Firmen und Umweltverbänden. Die Methode beruht auf folgenden einfachen Grundprinzipien:

1. ▶ Vorbereitungsphase
   - Konfliktbestimmung
     - ▶ Wer ist beteiligt?
     - ▶ Ziele der Arbeit?
     - ▶ Wie liegen die Interessen?
   - Auswahl der Akteure
2. ▶ Vermittlungsphase
   - Festlegen von Inhalten und Gesprächsregeln
   - Durchführung von Gruppen- und Einzelgesprächen
   - Aufdecken von verborgenen Gefühlen, Interessen und Hintergründen
   - Sammlung und Entwicklung von Lösungsmöglichkeiten
3. ▶ Übereinkunftsphase
   - Vereinbarungen werden getroffen
   - Umsetzung und Kontrolle werden gewährleistet

Umgang mit Krisen

Hier gilt es zunächst, die eigene Weltsicht zum Thema und das eigene Verhalten zu überprüfen. „Wie denke ich über Krisen, wie reagiere ich auf den Begriff, mit welchen Assoziationen?“

Im Griechischen bezeichnet der Begriff „krisis“ einen Wendepunkt, im Chinesischen setzt sich Krise aus den Schriftzeichen „wei“ für Gefahr und „ji“ für gute Gelegenheit (Chance) zusammen.

Es kann hilfreich sein, zwischen Notstand und Krise zu unterscheiden:

Notstand:

- läßt sich mit bewährten Mitteln beseitigen
- kann durch Wandel erster Ordnung beseitigt werden

Krise:

- erfordert neue Verhaltensmuster
- bewährte Anpassungsmechanismen reichen nicht mehr aus
- neue Bewältigungsstrategien mit entsprechender innerer Umstrukturierung sind gefordert
- kann nur durch einen Wandel zweiter Ordnung überwunden werden

Aus systemischer Sicht können wir den Sachverhalt in folgenden Merksätzen darstellen:

Merksätze

- Von einer Krise kann dann gesprochen werden, wenn sich Muster der Organisation verändern müssen.
- Eine Organisation muß über Regeln II. Ordnung verfügen (Metaregeln), die eine Veränderung der Muster erlauben.
- Neue Handlungen in einer Organisation sind oft unmöglich, da sie massiv sanktioniert werden.
- Krisen und Probleme dienen oft dem Beharren auf alten Mustern (homöostatische Funktion von Problemen).
- Systemisch gesehen ist eine Krise jedes Ereginis, das zu einer Veränderung der Muster zwingt.

Krisen lassen sich wie folgt unterscheiden:

Einengungskrise

Die Organisation/das Individuum kann nicht mehr so, wie sie es will.

Expansionskrise

Neue Situationen, neue Leute, neue Herausforderungen, größere Umbrüche, Innovationszeit.
Behinderung durch Gruppierungen, die alles beim Alten lassen wollen, spürbar durch Beharren bzw. Ängste vor Neuem.

Auflösungskrise

Auflösungsprozesse der Strukturen. Im Coaching zeigt sich dies in Verschwommenheit, es findet ein Ringen und Suchen nach Halt und klarer Linie statt. Hauptbelastung: Unsicherheit.

Transformationskrise

Die dramatischste Krise in Veränderungsprozessen ist begleitet von Machtauseinandersetzung und symmetrischer Eskalation in allen Bereichen.

Krisenmanagement: Unterscheidungen

Selbstüberprüfung des eigenen Krisenverhaltens

Ähnlich wie bei der Veränderung der Streßmuster kann das Verhalten in Krisen nach folgendem Schema bei sich selbst oder bei anderen Personen überprüft und verändert werden:

- Wie ist mein Verhalten konkret?
- Wie ist das Verhaltensmuster?
- Welches Ergebnis wird dabei erzielt?
- Was ist mein angestrebtes Ziel?
- Nach welchen Regeln gehe ich vor?
- Welche Regeln sollten verändert werden?
- Wie sehen diese dann aus?
- Wie sieht mein verändertes Verhalten dann konkret aus?

Einbettung des Streß-, Konflikt- und Krisenmanagements in die Organisationskultur

Jede Krise ist immer die Krise einer Person, einer Organisation, einer Gesellschaft. Jeder Konflikt findet in einem bestimmten System mit einer bestimmten Kultur, d.h. mit ganz bestimmten Regeln des Umgangs und des Miteinanders statt. Und auch Streß, individuell empfunden, ist immer in einen bestimmten Kontext eingebettet.

Aus dieser systemischen Sicht macht es nur Sinn, Streß-, Konflikt- und/oder Krisenmanagement zu betreiben, wenn die Coaches jede dieser Situationen zum Anlaß nehmen, sich zu fragen, welche Art von Management betreibe ich: ein lineares, hierarchie- und bürokratie-orientiertes oder ein Management, das auf Selbstorganisation und Chaos als kreative Potenz des Unternehmens und der Mitarbeiter setzt?

Insofern darf Streß-, Konflikt- oder Krisenmanagement nicht an den vordergründigen Problemdefinitionen hängenbleiben. Häufig wird nämlich Konfliktmanagement betrieben, das die Bedingungen der Konfliktentstehung nicht reflektiert und das Unternehmen nicht darauf vorbereitet, in Zukunft die entsprechenden Konfliktkonstellationen vermeiden zu können.

Daher ist es erforderlich, an dieser Stelle einige Grundideen des sogenannten Chaos-Managements zu benennen. Indem wir uns auf diese Grundideen stützen, können wir häufig zügig durch die Krisen- und Konfliktkonstellationen durchgehen und den Finger auf Ursachen im weiteren Sinn, nämlich auf das Bedingungsgefüge legen. Hier ist unserem Vorgehen schnellerer und vor allem umfassenderer Erfolg vergönnt.

Wie sehen diese Management-Prinzipien aus, die das Unternehmen an der Zukunft, an der Weiterentwicklung und der Kreativität seiner Mitarbeiterinnen und Mitarbeiter ausrichten?

- Solch ein Unternehmen braucht eine Kultur, die es zuläßt, daß es sich selbst überraschen kann. Und dazu braucht es echte, garantierte Freiräume für Selbstorganisation. Denn innerhalb einer Bürokratie kann alles nur linear laufen, ohne Überraschungen.
- Die Einbeziehung des Chaos in die Unternehmenskultur bedeutet, ganz bewußt drei Säulen der Unternehmsführung zu akzeptieren: zur *Prognose* und *Logik* kommt jetzt das *Chaos-Management* hinzu.
- Es braucht Fließflexibilität, d.h. Strategie und Taktik: längerfristige Pläne *und* eine Tag-zu-Tag-Anpassung.
- Deshalb muß die Kultur eine Wagniskultur sein, in der Entscheidungen auch Probier-Entscheidungen sind.
- Der Wert von Prognosen liegt in dem Tempo, in dem sie korrigiert werden können (Luhmann in: Gerken, 1994).
- Da Prognosen häufig nicht korrigiert werden, „gibt es heute unendliche Prozesse und immer weniger langfristige Lösungen.“ (Baudrillard in: Gerken, 1994).
- Jedes Erklärungsmodell muß ersetzbar sein, fast eine Art von „Wegwerf-Charakter“ haben, damit der Vieldeutigkeit der Situationen keine Gewalt angetan wird.
- Hierbei wird der Zufall geplant, die Paradoxie als das einzige dem Leben entsprechende Prinzip anerkannt und der Abweichung von der Norm gehuldigt.

(Siehe auch Gerken, 1994)

Einführen einer Feedback-Kultur

Um immer besser zu werden, müssen wir lernen. Lernen heißt, Neues entdecken, sich überraschen lassen, Freiräume haben und Unterschiede zulassen. Leider behindern wir uns selbst und andere viel zu oft darin. Sagt uns jemand etwas zu Dingen, die wir selbst gut zu können glauben, fühlen wir uns sofort angegriffen oder weisen andere Meinungen vorschnell als unbegründet zurück. „Kann nicht sein, ... sehe ich anders ..., habe ich schon alles probiert, ... kannst Du nicht beurteilen!"

Das ist ein Grund, warum Kunden- und Mitarbeiterbefragungen meist in den Schubladen der Geschäftsführung landen und keine Erneuerungen oder Verbesserungen erzeugen. Viel zu früh sind wir damit beschäftigt, in Hinweisen Kritik oder Angriffe zu entdecken und abzuwehren. Weshalb ist das so?

Unsere Wahrnehmung und unsere Gefühle schlagen uns häufig ein Schnippchen. Wir sind in der Lage, sehr schnell zu erfassen und zu bewerten. In der Entwicklungsgeschichte der Menschheit wurde unser Gehirn gedrillt, polar zu denken. So konnten wir gezielt und schnell Freund und Feind unterscheiden, richtig und falsch gegenüber stellen. In den Frühzeiten der Menschheitsgeschichte waren diese Reaktionen allerdings auch lebensentscheidend. Heute ist unsere Welt viel komplexer, und so stehen wir uns mit unseren schnellen Beurteilungen selbst im Weg.

In unserer Zeit müssen wir komplexe Informationen verarbeiten und somit Vielschichtigkeit akzeptieren, kein „entweder oder", sondern ein „sowohl als auch". Nur so können wir es verhindern, daß wir Informationen von anderen (zum Beispiel Kunden, Mitarbeitern, Kollegen) über uns und unsere Arbeit als Angriff wahrnehmen, den wir sofort zurückweisen müssen.

Lernen setzt voraus, daß wir die Fähigkeit verbessern, neugierig zu sein, unvoreingenommen andere Meinungen nutzen zu können, d.h.: „Wir müssen wieder erlernen bzw. wiederentdecken, was wir als Kinder noch konnten". Das geht, wenn wir bereit sind, unsere Beobachtungsstandpunkte zu verändern. Beurteilungen von der einen oder der anderen Seite, von oben, von unten, von der Seite, aus der Nähe oder aus der Distanz zu sehen. Lernen von anderen bedeutet, Feedback aufnehmen zu können und für kurze Zeit einen anderen Blickwinkel einzunehmen.

Der Begriff Feedback beinhaltet auf Deutsch „Rückkopplung" und wird in vielfältigsten Zusammenhängen gebraucht. Wir sprechen im Unternehmen auch vom Einrichten von „Feedbackschleifen" und meinen damit, daß Ergebnisse, Erkenntnisse und Erfahrungen „zurückgemeldet" werden, damit die beteiligten Personen davon lernen und die Verfahrens- oder Verhaltensweisen verändern können. Die Feedbackschleifen sind somit zentraler Bestandteil der „Lernenden Organisationen". Um besser zu werden, müssen wir dazulernen, aus Erfahrungen lernen, aus Fehlern lernen und von anderen lernen. Im Zusammenhang mit Leadership und Führungskultur gebrauchen wir den Begriff Feedback als Ausdruck für ein Instrument, das uns regelmäßig eine Selbst- und Fremdeinschätzung der eigenen Stärken und Schwächen und des Veränderungspotentials zur Verfügung stellt.

Einsatz von Feedback

Dieses Instrument wird in vielen Feldern eingesetzt:

- **cross**: in Führungs- und Mitarbeiterzirkeln auf unterschiedlichen Ebenen und über die verschiedenen Bereichsgrenzen hinaus
- **top-down**: von Führungskräften zu ihren Mitarbeitern

- **bottom-up**: die Mitarbeiterinnen und Mitarbeiter zu ihren Führungskräften, wobei top-down und bottom-up ein sich ergänzendes Vorgehen bedeuten kann
- **in der Teamarbeit**: weil Teamarbeit dann Potentiale wecken kann, wenn ein Gedanke einen anderen auslöst
- **in der Projektarbeit**: wo Schnittstellen unterschiedliche Interessen dokumentieren.

Praktische Umsetzung

Wie kann man eine Feedback-Kultur einführen? Wie kann man lernen, mit Feedback umzugehen?

Durch die Einführung einer Feedback-Kultur stellt sich das Unternehmen auf ein regelmäßiges, gemeinsames Lernen ein. Dieses Lernen ist umfassend, d.h. es ist ein Lernen voneinander, miteinander und vom Umfeld (Kunden, Lieferanten, Wettbewerb etc.). Das Management lernt als erstes die neue Haltung und die neuen Spielregeln, um bei der Umsetzung Vorbild zu sein und Beispiel zu geben. Das Management wird an der Haltung und am Verhalten gemessen, sowohl von den Mitarbeiterinnen und Mitarbeitern, als auch von den Kunden und Lieferanten und ebenso im Konzern. Dort, wo kontinuierlich verbessert wird, cross-funktional zusammengearbeitet, die Meinung der Mitarbeiterinnen und Mitarbeiter wichtig ist, wird Lernen zur vitalen Bedingung.

Feedback braucht eine bestimmte Haltung und Spielregeln!

Feedback geben

Folgende Haltung und folgende Regeln ermöglichen das Erteilen eines Feedbacks.

1. Beziehe das Feedback auf selbst beobachtete und konkrete Ereignisse.

2. Beziehe Feedback auf Verhaltensweisen (Verhalten kann man ändern, Eigenschaften nicht).
3. Beschreibe, ohne zu kritisieren.
4. Beziehe Dich im Feedback nicht auf andere.
5. Alles was ich sage, ist meine persönliche Meinung über den/die anderen. Es ist keine objektive Wahrheit.
6. Ich beschreibe meine Beobachtung so ehrlich und konkret wie möglich.
7. Die Beobachtungen, meine Bewertung und Meinung gebe ich als Hinweis und als eine Information, die der/die andere hören kann, auch nutzen kann, aber nicht nutzen muß.

Feedback hören

Folgende Haltung und folgende Regeln ermöglichen das Empfangen eines Feedbacks.

1. Zuhören, Zuhören, Zuhören.
2. Nachfragen, ob ich richtig verstanden habe.
3. Bitten um konkrete Beispiele.
4. Ich bitte um Feedback und höre nur zu, ohne sofort zu kommentieren oder zu erklären. Keine Diskussion, keine Rechtfertigungen, kein Richtigstellen!
5. Die Bewertung der Beobachtung sind Information aus der Sicht des/der anderen.
6. Um meine Emotionen zurückzunehmen, werde ich nicht sofort darauf antworten, sondern erst nachdenken. Zu einem späteren Zeitpunkt werde ich mit der Person über das Feedback sprechen.
7. Ich bedanke mich für die Hinweise und Ideen, die ich bekomme.

Konkreter Ablauf eines Feedbacks

Bei einem persönlichen Feedback zum Beispiel im Team kann der Ablauf wie folgt sein:

- Das Team sitzt zusammen; jeder äußert seinen eigenen persönlichen Standpunkt. Eine Person beginnt von sich selbst „Fertigkeiten", „Verhaltensweisen" und Stärken zu benennen, die diese Person aus eigener Einschätzung noch weiterentwickeln möchte.
- Im folgenden geben alle Personen, die möchten oder gebeten werden, ein „entwicklungsförderndes Feedback" zu der vorher gehörten Selbsteinschätzung. Hierbei liegt der Fokus auf folgenden Fragen: *„Was sehe ich an dir?"* – *„Was kannst du gut und was machst du gut?"* – *„Wo solltest du an dir arbeiten?"*.

In diesem Feedback kann man sich auf die von der Person selbst genannten Stärken und Entwicklungsfelder beziehen, diese Aussagen und Erkenntnisse bekräftigen oder relativieren, oder man hat Erkenntnisse und Ideen, die noch nicht genannt sind. Jede Person der entsprechenden Gruppe oder des Teams läßt sich Feedback geben, die Reihenfolge ist beliebig. Wichtig ist nur, daß jeder Feedback bekommt.

Die Auswirkungen des Feedbacks

1. Das Klima wird vertraut und persönlich.
2. Es gibt gute Ideen und neue Möglichkeiten.
3. Durch die regelmäßige Selbst- und Fremdbewertung kann man sich immer wieder offen aussprechen.
4. Wir lernen andere Informationen schätzen, weil sie nicht gleich im Widerspruch zur eigenen Einschätzung stehen, sondern Information bedeuten.
5. Konflikte werden angesprochen und offen geklärt.

6. Kenntnis voneinander bzgl. der Lern- und Entwicklungsziele nehmen zu; dadurch wird die persönliche Weiterentwicklung optimiert.

7. Ein gegenseitiger und gemeinsamer Lernkontext wird etabliert, in dem man sich gegenseitig Hinweise und Unterstützung geben und gewähren kann.

Häufig besteht die Sorge, die Einrichtung einer Feedback-Kultur könne gefährlich sein, da man sich gegenseitig Verletzungen und Kränkungen zufügen könne. Diese Sorge ist unbegründet, wenn sich das Team klar an die Spielregeln hält und sich darüber einig ist, daß es sich um ein entwicklungsorientiertes Feedback handeln muß.

Entwicklungsförderndes Feedback

Die Haltung der Teilnehmenden entscheidet darüber, ob ein entwicklungsförderndes Feedback zustande kommt:

1. Ich beschreibe, was ich konkret wahrnehme.

2. Ich trenne Beschreibungen von Bewertungen.

3. Ich urteile nicht, weil ich durch meine Außenposition nicht unbedingt über alle relevanten Informationen verfüge. Hier sind Formulierungen hilfreich, wie „... ich beobachte, wie du ..., ich kann sehen, daß du, ... mit anderen zeigst du folgende Reaktionen oder folgendes Verhalten ...“ etc.

Entwicklungsfördernde Empfehlung

Auch beim Benennen von Empfehlungen kommt es darauf an, daß der Feedback-Geber vom Feedback-Nehmer nicht falsch verstanden wird. Mit der Einstellung, dem anderen zu nützen, ihn in seiner Entwicklung zu fördern, können Kränkungen als

Mißverständnisse im Gespräch sofort ausgeräumt werden. Vom Vorgehen und von den Formulierungen her heißt das, daß man zunächst die Stärken kommentiert, Anerkennung und Wertschätzungen ausspricht und sich dann den noch auszubauenden Fähigkeiten zuwendet.

Hier helfen Formulierungen wie:

Aus meiner Sicht könntest du deine fördernde Wirkung auf deine Mitarbeiterinnen und Mitarbeiter noch erhöhen, wenn du ...

Oder: Wie du selbst gesagt hast, bist du immer noch recht kritisch mit deinen Mitarbeiterinnen und Mitarbeitern; in deinem Wunsch, quasi perfekte Ergebnisse zu liefern, schaust du immer noch sehr auf die Mängel. Ich möchte dir empfehlen, mal für eine Woche oder jeden zweiten Tag über die Dauer von zwei Wochen jede Kritik zu unterlassen.

Oder: Unter Streß wirkst du immer recht barsch auf mich, man könnte förmlich Angst vor dir bekommen, obwohl ich weiß, daß du es gut meinst. Vielleicht könntest du daran arbeiten, entweder deine Arbeitsorganisation so zu verändern, daß du weniger unter Streß gerätst, oder du mußt dich unter Streß ganz besonders kontrollieren, damit du dennoch ruhig und gelassen deinen Mitarbeiterinnen und Mitarbeitern begegnest.

Zeitabstände für Feedbackrunden

Feedbackrunden sollten einmal im halben Jahr durchgeführt werden, wobei man dann auf Aussagen der vorangegangenen Feedbackrunden zugreift, Fortschritte kommentiert und untermauert, was schon beim vergangenen Treffen gesagt wurde.

Besondere Coaching-Formen

Selbstcoaching

Der Umgang mit sich selbst geht die gleichen Wege, die wir auch mit anderen beim Coaching gehen würden. Es beginnt mit einer Standort- und Kontextanalyse. Bei der eigenen Selbstbestimmung ist es wichtig, sich der Werte des Handelns bewußt zu sein. Sie kommen aus dem tieferen Teil unseres Bewußtseins und haben viel mit Herkunft und Lebensgestaltung, aber auch mit Umgang und Freunden zu tun. Trotzdem wissen wir oft sehr genau, um was es uns wirklich geht. Je klarer wir uns darüber sind, um so eher werden wir auch bereit sein, die Werte anderer zu tolerieren, weil wir selbst spüren, daß wir nicht bereit sind, „über den eigenen Schatten zu springen".

Für das Erreichen neuer Ziele müssen wir wissen, nach welchen Konzepten und Ideen wir bisher vorgegangen sind und welche Methoden und Techniken wir angewandt haben. Es zeigt sich dann auch, ob diese Herangehensweisen für unsere wichtigen Ziele mehr oder weniger geeignet sind. Eignen sie sich nicht, müssen wir etwas Neues hinzulernen.

Stellen wir uns vor, wir möchten uns das Rauchen abgewöhnen. Rauchen ist meistens verbunden mit Kontakt mit anderen Menschen, und/oder wir rauchen in einem bestimmten Kontext und mit ganz bestimmten Leuten, die sich in der Pause zum Beispiel für ein „Zigarettchen" treffen. Vielleicht ist das Treffen wichtiger als das Rauchen, dann werden wir es schwer haben, den Kontakt zu vermeiden. Wollen wir trotzdem das Rauchen aufgeben, werden wir andere Lösungen zur Beziehungsgestaltung suchen müssen. Veränderungsabsichten, die in unsere alltäglichen Muster eingreifen, sind nicht leicht zu erreichen. Was unterscheidet Silvesterversprechen von dem ehrlichen Wunsch nach Veränderung? Wir müssen unseren Fokus auf das Unterlassen bestimmter Verhaltensweisen richten und weniger auf das, was wir wollen. Etwas Bestimmtes zu unterlassen – „Das tue ich jetzt nicht!" – ist ein guter Weg, neues Verhalten einzuüben.

Coaching „on the job"

Coaching „on the job" ist die Unterstützung in der alltäglichen Arbeit, so wie „fast nebenbei". Häufig werden wir als Chefs oder Experten bei akuten oder speziellen Fragen um Rat gefragt, eine Situation für kurze Lösungen oder Ratschläge.

Erste Frage vor Ort ist jedoch, ob die nötige Kompetenz und Fähigkeit bei den Mitarbeiterinnen und Mitarbeitern selbst vorhanden ist. Zweitens, ob die Verantwortung wirklich bei den Handelnden liegt und die Anfrage nicht den Hinweis auf falsch laufende Strukturen enthält. Drittens, wie kann die Mitarbeiterin und der Mitarbeiter angeregt werden, optionale Ideen zu Lösungen zu entwickeln, und welche Hindernisse und Einwände gibt es? Manchmal reicht es, sich rauszuhalten und nicht jede Anfrage sofort und direkt zu beantworten.

Coaching auf Anfrage

Coaching kann natürlich besonders erfolgreich sein, wenn man nicht unbedingt in der Chefrolle ist. So besteht die Möglichkeit, sich für ein Coaching anderer Personen anzubieten. Hier ist Fingerspitzengefühl angesagt. Jeder mögliche Interessenkonflikt ist unbedingt zu vermeiden. Wird ein Interessenkonflikt erst später sichtbar, ist das Coaching abzubrechen. Daß man als Coach auch anderen zur Verfügung steht, sollte deshalb im Unternehmen abgesprochen und bekannt sein.

Leadership – Führungskompetenz in ihrer hohen Kunst

Was heute von Managern mit Führungsverantwortung verlangt wird, sind exzellente Managementstrategien, verbunden mit umfassender Führungskompetenz und effektivsten Verfahren in der Umsetzung. Glaubt man den Berichten der Fachzeitungen und den Anzeigen von Managern, dann gehören mindestens 70 Prozent aller Manager in die Klasse, die diese Fähigkeiten beherrschen. Wiederum andere Experten gehen davon aus, daß man zum Führen geboren sein muß, man spricht davon, daß ein Prozent der Menschheit diese Fähigkeiten hat. Das sind schon sehr viel weniger, aber gemessen an der Weltbevölkerung noch eine stattliche Anzahl.

Führung ist zunächst ein Handwerk, das Begabte und Berufene leichter erlernen. Gleichwohl wird auch ein Nichtberufener durch Aufgeschlossenheit und Interesse durch gutes Handwerk zum Meister.

Unternehmen und Organisationen geben eine Menge Geld dafür aus, ihre Manager in Führungs- und Managementkompetenzen auszubilden. Jede Wirtschaftszeitung und jedes Wirtschaftsmagazin beschäftigt sich ununterbrochen mit Themen zu Leadership. Darüber hinaus gibt es eine Vielzahl von Autoren und Trainern, die Managern in Büchern und Ausbildungen ihr Wissen zur Verfügung stellen. Könnte man nun annehmen, daß sich deshalb die Kultur des Führens verbessert hat? Vorgesetztenbeurteilungen und Interviews mit Mitarbeitern in Unternehmen zeichnen ein anderes Bild. Während den Managern in Sachen Managementkompetenz ein gutes Zeugnis ausgestellt wird, ist das Verhalten der Führungskräfte immer wieder

Anlaß zur Klage. Mitarbeiter beklagen sich über die zunehmende Unmenschlichkeit, schlechtes Benehmen, mangelnde Kommunikation und über den Mißbrauch von Information als Machtinstrument. Was das Schlimmste ist: Mitarbeiter fühlen sich im Ernstfall allein gelassen.

Was also verstehen Führungskräfte unter Leadership, das diese Diskrepanz erklären könnte?

Der Alltag des Managers

Schauen wir in die Welt der Manager und damit in den Alltag eines Unternehmens, dann wird sofort deutlich, womit Manager ihre Zeit verbringen oder verbringen *müssen*. In einem unserer Führungskräftetrainings platzte einem Manager der Kragen: „Alles schön und gut, 80 Prozent meines Einsatzes ist Tagesgeschäft, den Berg an Arbeit, den ich vor mir herschiebe, erledige ich, wenn ich mir ein bißchen Luft verschafft habe. Für Führungsaufgaben bleiben mir 20 Prozent." Er deutet auf seine Kollegen und sagt ihnen ins Gesicht, daß sie das gleiche Problem haben, ohne es offen zuzugeben.

Was ist die Spielregel? Jeder erklärt Führungsaufgaben für das wichtigste Thema, aber niemand nimmt sich Zeit. In Hochglanzbroschüren und auf Betriebsversammlungen wird verkündet: Die Mitarbeiter sind unser wichtigstes Gut, aber keiner Führungskraft läßt die tägliche Agenda dazu Zeit. Sind es also die Prioritäten, die falsch gesetzt werden? Sind es die Manager, die sich schlecht organisieren können und deshalb dringend einen weiteren Zeitmanagement-Workshop benötigen?

Wenn 80 Prozent der Zeit für Managementaufgaben benötigt werden, dann hat Führung nur eine zweitrangige, wenn nicht noch geringere Priorität im Unternehmen. In Zeiten des Umbruchs sind Führungskräfte jedoch die „Change-Agents" (häufig gebrauchte Metapher für verantwortliche Personen im

Veränderungsprozeß). Um Unternehmen auf neue Zeiten auszurichten, sind Strukturreformen und Personalabbau oft alles, was Manager zur Veränderung beitragen. Das ist der größte Vorwurf, den Mitarbeiter den Managern machen. Wenn wir die Konzepte einiger ehemaliger Pioniere der deutschen Wirtschaft nachprüfen, besteht die Führungskunst sehr häufig darin, starre Hierarchien zu zerstören und Verantwortung nach unten zu delegieren. Das reicht nicht und führt auch häufig nur zu einem sehr kurzfristigen Unternehmenserfolg! Dort sind Führungskompetenzen gefragt. Deshalb sollte man die Einstellungen und das Führungsverhalten auf den Prüfstand stellen, und zwar dauerhaft. Selbst Vorgesetzten sind Feedbacks, variable Vergütungssysteme und Führen mit verbindlichen Zielvereinbarungen – aktuelle Führungsinstrumente – nicht genug. Wer heute Teams und Projekte führen muß, wird dies nicht mit herkömmlichem Verhalten bewältigen. Wer unter Kommunikation und Kooperation nur Informationsübermittlung versteht, kann Kreativität, die im Dialog entsteht, nicht entfalten. Und wenn man sich nicht für die Ideen seiner Mitarbeiter interessiert und ihnen auf Fragen keine prompte Antwort zukommen läßt, ist es mit der Führungskultur nicht weit her.

Es sind aber auch zum Teil die veralteten Konzepte, die sich bei neuen Strukturen und bei Prozeß- und Projektorientierung eher kontraproduktiv auswirken. In vielen Unternehmen wird an Linien- und Hierarchiestrukturen festgehalten, die mehr und mehr an Bedeutung verlieren. Sowohl Personalreferenten wie Führungsspezialisten ordnen Führungsverhalten weiterhin nach *Führungsrollen* ein. Junge Führungskräfte lernen den Unterschied zwischen patriarchalischem, pädagogischem, partizipativem und partnerschaftlichem Führungstil. Clinton O. Longenecker und Denis A. Giora, zwei amerikanische Dozenten, die Unternehmensführung und Wirtschaftswissenschaften an den Universitäten von Toledo und Pennsylvania lehren, haben in einer Studie 261 Manager aus 18 großen Unternehmen befragt.

Auch sie benutzen gängige Klischees wie „sehr partizipativ, selbstherrlicher Typ, sehr „laissez-faire“ oder Anhänger einer „Politik der verbrannten Erde“. Wichtiger dabei aber war, daß sich offenbarte, wie wenig und oberflächlich in Unternehmen über Führung gesprochen wird. Vermutlich, weil die Annahme besteht, an persönlichem Führungsstil könne man sowieso nichts ändern. Somit wird „Führungsstil“ zum Tabuthema, über das erst gesprochen wird, wenn Manager straucheln. Gleichzeitig gaben alle Manager an, über Führungsverhalten könne und müsse man reden. Fortgeschrittene Führungskräfte glauben an die Kraft der Worte, die sie als Visionen auf Charts festhalten. Sie halten dies bereits für Leadership, auch wenn die „Visionen“ ihres Unternehmens wortwörtlich den Visionen anderer Unternehmen gleichen. Last but not least zeigt sich die viel beschworene Wichtigkeit von Führung in der Verteilung des Arbeitsvolumens und in den gelebten Prioritäten – nämlich daran, womit man sich alltäglich im Unternehmen beschäftigt.

Gerd Ammelburg, Unternehmensberater in Neuem Denken, sieht trotzdem eine Entwicklung von der „Autorität von Amts wegen“ zur „Autorität aus der Persönlichkeit heraus“. Er meint, nur wenn der Führende von den Mitarbeitern als Mensch geschätzt wird, kann er in Zukunft noch führen. Dieses Urteil zielt darauf ab, daß Führungskräfte vor allem an ihrer „Persönlichkeitsentwicklung arbeiten müssen, weil sie sonst schlicht unqualifiziert sind“. Olya Khaleele und Ralf Woolf, zwei erfahrene Unternehmensberater aus London, sprechen in diesem Zusammenhang von mangelnder emotionaler Reife bei Führungskräften. Sie spiegeln die emotionale Entwicklung am Führungsverhalten eines Menschen wider. „Oft lassen Unternehmer ein sehr frühes emotionales Entwicklungsstadium erkennen; das bedeutet, daß sie emotional vorpreschen, dann aber oft nicht in der Lage sind, ihre Organisation in die nächste Entwicklungsphase überzuleiten. Je größer und komplexer die Verantwortung einer Position im Unternehmen ist, um so größer ist die Zeitspanne der Ungewißheit und somit auch die Anforderung an die Fähigkeit der Führungskraft, damit zu leben und zu arbeiten.“ In Karriereberatungen macht man junge, ambitionierte Menschen glauben, glatte Biographien mit frühem Studiumsabschluß, ausgezeichneten Noten und nach Möglichkeit etwas Auslandserfahrung sei alles, was man zu einem reibungslosen Karriereweg benötigt. Wer nur eine tadellose Lebensweise nachweisen kann, wird nicht unbedingt persönliche Grenzen überschritten haben und sich manchmal eingestanden haben müssen, daß zunächst richtige Ziele sich später als falsch erwiesen haben. Kurzum, solche Führungskräfte kennen ihre Stärken und Schwächen vielleicht nur aus Assessmentcentern. Das ist zu wenig, um Menschen in eine unbekannte Zukunft zu führen. Die Meßlatte für eine Führungspersönlichkeit liegt höher. Ein Manager mit Leadership:

- zeigt großes Interesse, unentwegt dazuzulernen, besonders über sich selbst,
- wird Risiken statt Sicherheit wählen,
- beherrscht und entwickelt exzellente Konzepte und unterscheidet diese von aktuellen Moden,
- gestaltet Beziehungen in angemessener Weise, innerhalb und außerhalb des Unternehmens,
- zeigt ein hohes Maß an Entschlossenheit, um Neues anzuschieben, und
- zeigt Ausdauer für das Aushalten von Ungewißheit und Mehrdeutigkeit.

So wird es gelingen, für wichtige und dringliche Vorhaben die Bereitschaft und Begeisterung im Unternehmen zu wecken. Ohne diese Bereitschaft wird im Unternehmen weder dazu gelernt noch Sinnvolles verbessert, und der Schwung zum Aufbruch wird zu früh abgebremst. Mitarbeiter setzen statt auf Neubeginn auf Sicherheit.

Der Politik- und Sozialwissenschaftler Ralf Dahrendorf beleuchtet die andere Seite der Medaille von Führung. Er spricht nicht mehr von Arbeit im Unternehmen, sondern von Tätigkeiten. Darunter versteht er die Bewältigung von Aufgaben, die der Mitarbeiter nicht nur gerne erledigt, weil er sie kann und dafür qualifiziert ist, sondern weil sie ein Stück seines Lebens sind. Durch diese Sichtweise sieht er die schizophrene Trennung eines Menschen in privat und beruflich zugunsten einer Lebens- und Lerngemeinschaft aufgelöst. Auch unsere Erfahrungen in Unternehmen zeigen, daß durch das Prinzip, Gespräche im Dialog zu führen und Lösungen für ungewöhnliche Problemstellungen im Team zu suchen, „Lerngemeinschaften" entstehen. Dagegen sind viele aktuelle Diskussionen über Führung und Führungsstile lineare Betrachtungen und Erklärungen aus der Sicht von oben oder von unten. Es zeigt sich immer wieder, egal welchen Führungsstil eine Führungskraft im Alltag bevorzugt:

> Führung ist kein einseitiger Akt, sondern Teil einer Beziehung!

Im Zusammenspiel zwischen Mitarbeitern, Kollegen und Führungskräften und nach außen mit Kunden, Wettbewerb und Umwelt werden sich in gemeinsamer Handlung Regeln im Umgang ausprägen. Es ist „der stille Tanz zur lautlosen Musik", wie es der Managementguru Gottlieb Guntern prägnant ausdrückte. Zum Tanz gehören immer mehrere, und erst die Musik bestimmt die Schrittfolge. Im Unternehmen bedeutet die Musik das Umfeld, die Werte und die Haltung aller Beteiligten. Durch Führungsteams, Projektarbeit und cross-funktionale Zusammenarbeit wird schon seit längerem von *allen Mitarbeitern im Unternehmen und auf allen Ebenen des Unternehmens Multistabilität* verlangt. Während der Mitarbeiter in einem Team Teammitglied ist, leitet er in einem anderen Team ein Teilprojekt, und wieder in einem anderen Team ist er Projektleiter. Wer sich bei dieser Vielfalt von Leistungen lediglich auf Funktionen stützt, wird zur Belastung für die Zusammenarbeit und den Fortschritt. Die Aussage „Das ist nicht meine Aufgabe" gibt es in Teams nicht. Wer sich auf Rollen beschränkt ist permanent in Abgrenzungsdiskussionen und Aufgabenbeschreibungen verstrickt. Mitdenken, mitgestalten, anpacken und lernen wird von jedem Menschen im Unternehmen verlangt.

Eigene Potentiale und Veränderungsmöglichkeiten

▶ Die folgenden Fragen können Führungskräften Aufschluß darüber geben, was sie können und was sie ändern sollten:

1. Welche Tätigkeiten als Führungskraft halten Sie persönlich für wichtig und welche wollen Sie in Ihrer täglichen Arbeit verwirklichen:

   ____
   ____
   ____
   ____
   ____

   Um Überblick über Ihre Handlungen zu bekommen, können Sie anhand einiger Fragen Ihre Tätigkeiten in ein kleines Strukturmodell einordnen. Das Ergebnis bietet Ihnen eine Analyse, womit Sie Ihre Zeit verbringen. Nehmen Sie das Ergebnis als ein Feedback.

2. Welche Tätigkeiten füllen Ihren Alltag aus? Am besten nehmen Sie Ihren Terminkalender als Grundlage der Überprüfung. Schreiben Sie alle Tätigkeiten der letzten zwei Wochen auf. Womit haben Sie Ihre Zeit verbracht?

   ____
   ____
   ____
   ____

3. Nun sortieren Sie bitte diese Tätigkeiten. Falls Sie sich nicht entscheiden können, schreiben Sie Begriffe doppelt

auf. In welche Bereiche gehören Ihre Tätigkeiten? Wenn Sie an Besprechungen teilgenommen haben, welchen Bereichen haben sie gedient?

- Welche Ihrer Tätigkeiten gehörten zum Thema Organisation?

- Welche Tätigkeiten waren für Kunden und Produkte oder Dienstleistungen?

- Welche Tätigkeiten gehörten zu Zielen und Strategien?

- Welche Tätigkeiten betrafen Führung, Mitarbeiter und Unternehmenskultur?

- Welche Tätigkeiten gab es noch, und welche Themen haben Sie noch beschäftigt?

4. Bitte ziehen Sie Bilanz! Wofür verbrauchen Sie Ihre Zeit in einer ganz normalen Woche? Welches sind Ihre Prioritäten im Alltag?

1. Priorität:	%
2. Priorität:	%
3. Priorität:	%
	= 100 %

Stimmen Ihre persönlichen Ziele mit Ihrem Alltag überein, so sind Sie eine Ausnahme. Zeigt Ihr Arbeitsalltag eine andere Priorität als Ihre persönliche Liste, die Sie unter der Frage 1 benannt haben, dann gehören Sie zu einer großen Gruppe von Führungskräften, die in ihrem Alltag nicht das erreichen, was den persönlichen Zielen entspricht. Diese Situation können Sie ändern!

Prioritäten sind Wunschlisten

Führungskräfte wissen oft nicht, womit sie ihre Zeit verbringen. Alle Erfahrungen von Führungskräften zeigen: die obersten Ebenen des Unternehmens glauben, sie seien mit Planen und Budgetieren beschäftigt. Eigentlich wollen sie erfolgreich Zeitpläne und Lösungswege festlegen, über Strukturen entscheiden und über Kriterien für die Personalauswahl bestimmen. Sie wollen Verantwortung delegieren und Zeit für Mitarbeiter und Kunden haben. Begleitende Beobachtungen zeigen jedoch, daß sich der Berufsalltag von Führungskräften wesentlich durch Störungen und Unerwartetes gestaltet. Die wichtigen Themen müssen sozusagen nebenher erledigt werden. Terminpläne werden von anderen bestimmt, gestört und geändert. Das liegt nicht nur an den anderen; weil jeder Tag gänzlich verplant ist, bleibt einfach kein Raum für Wesentliches. „Erfolgreiche Störungen" in Ihrem Tagesgeschäft zeigen Ihre wahren Prioritäten und die der Führungskräfte neben und über Ihnen!

Unser Tip: Schaffen Sie tägliche Zeitfenster für die Prioritäten der anderen. Nehmen Sie sich Zeit für Gespräche und kurze Begegnungen. Der Umgang mit Störungen dauert länger als ein kurzes Gespräch in Ruhe. Störungen werden weniger, wenn man weiß, daß Sie erreichbar sind. Wer bedauert, daß er nie zu dem gekommen ist, was er wollte, verlebt seine Zeit und seine Ziele.

Führen in offenen Systemen ist Umgang mit Unterschiedlichkeit und durchlässigen Grenzen

Gegenwärtige Herausforderungen lassen sich nicht durch herkömmliche Managementlösungen bewältigen, sondern sind echte Leadership-Aufgaben. Leadership heißt Ideen und Befähigungen entdecken, Veränderungen gestalten und Werte für alle schaffen, sowohl für externe als auch für interne Kunden, Mitarbeiter, Lieferanten, Geldgeber und die soziale Umwelt. Voraussetzung ist ein hohes Maß an Anpassungsfähigkeit bei sich selbst und bei anderen. Es werden Menschen gebraucht, die nicht glauben, die Welt allein verändern zu können, sondern die mit anderen gemeinsam Ideen kreieren und Optionen als Lösungswege vorbereiten.

Unser Tip: Schaffen Sie viele Gelegenheiten für Begegnungen zu herausfordernden Themen, zu schwierigen Aufgaben und zur Zukunftsgestaltung. Innovation und Intelligenz werden durch Vielfalt und Unterschiedlichkeit erzeugt. Streichen Sie die minuziöse Agenda und das zielgerichtete Vorgehen zugunsten von Open-Space-Meetings. In anregender Umgebung und durch Überraschungen schaf-

fen Sie ein Klima, das gedankliche Grenzen überwindet und Beziehungen und Netzwerke schafft. So werden Sie manches finden, was Sie nicht suchten, und so werden Sie viele praktische Lösungen mit großer Umsetzungsgeschwindigkeit erzielen.

Was dringlich ist

Leistungsverbesserung dient der Systemerhaltung, nicht der Veränderung. Das birgt erhebliche Risiken, weil es meist um die Märkte von gestern und heute geht, aber nicht um zukünftige Geschäftsfelder. Das heißt hinterherlaufen, statt vorneweg zu sein. Der Arbeitsalltag zwingt zu Realitätssinn und versperrt den Blick in die Zukunft. Bisher wurden Genies als Menschen gewertet, die ungemein kreativ und produktiv oder einfach glückliche Zufälle der Natur sind. Das wird inzwischen in Frage gestellt. Was macht Manager zu Visionären? Visionäre achten besonders auf Feinheiten, sind scharfsinning und haben die Fähigkeit zu großer Aufmerksamkeit. Visionen machen einen wesentlichen Teil eines Leaders aus. Deshalb sollte ein Leader in der Lage sein, Visionen zu entwickeln und sich dafür einzusetzen.

Unser Tip: Verlangsamen Sie Ihr Tempo, um schneller zu werden. Der größte Fehler ist die Eile. Verbessern Sie Ihre Fähigkeit zur Beobachtung. Werden Sie immer besser im Wahrnehmen Ihres Körpers und Ihrer Umwelt. So bekommen Sie Zugang zu Ihren geistigen Vorstellungen. Wenn Sie Ihr Gehirn trainieren, wird es besser werden im Aufnehmen von Informationen. Dadurch werden Sie Ihre Aufmerksamkeit verdoppeln.

Was Nutzen schafft

Die Kernkompentenzen Ihres Unternehmens und die Befähigung der Mitarbeiter sind auf das engste miteinander verbunden. Halten Sie das Unternehmen flexibel. Führen Sie Gespräche (im Dialog), die der Reflexion dienen. Nichts wird unter den Teppich gekehrt, unbequeme schwierige Gespräche sind erwünscht. Teamgeist und partnerschaftlicher Umgang bewirken manchmal mangelnde Konfliktfähigkeit, weil die „guten" Beziehungen nicht gefährdet werden sollen.

Unser Tip: Lernen Sie zu fragen! Wer fragt, durchdringt die Gedanken und Weltsichten der anderen. Sie erfahren mehr vom Wissen Ihrer Mitarbeiter, und die Beziehungen in Ihrem Bereich werden offener und belastbarer.

Der Mut zur Wahrheit

Führungskräfte machen sich viele Gedanken, was sie ihren Mitarbeitern zumuten können. Zu den Tabus in Unternehmen gehört der kontrollierte Umgang mit wichtigen und „heißen" Informationen. Menschen als kommunikative Wesen teilen sich mit, erzählen und berichten. In Unternehmen wird viel zwischen den Zeilen gelesen oder durch nonverbale Kommunikation übermittelt. Gerüchte nehmen im Unternehmen den schnellsten Weg. Wer sich einbezogen und informiert fühlt, kann auch aushalten, daß etwas noch nicht bekannt werden soll.

Unser Tip: Schaffen Sie keine Zirkel von „Besserinformierten". Informationskaskaden verfälschen Nachrichten. Geben Sie alle *Informationen an Betroffene und Beteiligte weiter und informieren Sie direkt. Lassen Sie sich daran messen, wie gut sich Ihre Mitarbeiter informiert fühlen. Mißtrauen wird verschwinden, man glaubt Ihnen „aufs Wort".*

Kompetenzen von morgen: Team an der Spitze

Der einsame Führer an der Spitze hat ausgedient. Seit Macht- und Hierarchiestrukturen sich immer mehr auflösen, wird auch auf höchster Ebene als „Mannschaft“ gearbeitet. Komplexe Zusammenhänge und hohe Anforderungen an kreative Lösungen müssen viele gute Denker an einen Tisch führen. Dementsprechend haben viele Unternehmen inzwischen auch die Strukturen entsprechend verändert. Nur wenige Entscheidungen sind noch reine „Chefsache“. Vorher wird informiert, diskutiert und an einem Konsens gearbeitet. Das setzt natürlich die Einsicht voraus, daß Ellbogenverhalten und Konkurrenzdenken unter Gleichen eher den Erfolg behindert als fördert. Eigenständigkeit und Selbstverantwortung wird auf kleinste, kompetente Einheiten übertragen. Das sind manchmal einzelne Personen, aber meistens sind es Teams. Die Enttäuschungen über ineffektive Meetings werden schwinden zugunsten von hoher Leistung und nachhaltigen Ergebnissen.

Unser Tip: Bilden Sie zusammen mit Ihren Kollegen ein Führungsteam! Gemeinsam können höhere Ziele erreicht werden. Lernen Sie erfolgreiche Teammethoden. Stecken Sie sich hohe Ziele zu dringlichen Problemen und zwingenden Aufgaben. Messen Sie Ihr Team an ganz konkreten Leistungen. Entdecken Sie ihre Unterschiede und Stärken. Lernen Sie „FreeJazz“ zu spielen statt fertige Musikstücke, denn dort „entscheidet der nächste Ton, ob ein Fehler ein Fehler ist“, wie der bekannte Jazzmusiker Abdullah Ibrahim einmal die Freiheit zur Kreativität erklärte. Definieren Sie die Spielregeln, wie Sie miteinander umgehen wollen, und reflektieren Sie Ihre Muster und Regeln der Zusammenarbeit. Wechseln Sie in der Führung und in den Aufgaben. Öffnen Sie – je nach Aufgaben – das Team, so daß Sie nicht als „geschlossene Gesellschaft“ abheben.

Ausbildung für Manager

Auch im Übergang zum 21. Jahrhundert bleiben der Wandel der Unternehmen und Organisationen sowie die daraus resultierenden Folgen Hauptaufgabe und Herausforderung der Führungskräfte. Das Veränderungstempo von Unternehmen wird sich steigern und der Zwang zur Transformation für die Unternehmen deutlich größer werden. Fähige Führungskräfte werden „lernen zu lernen“, was sie heute und *morgen* brauchen, und dieses Lernen ständig verbessern. Sie benötigen eine zunehmende Kompetenz, die es ihnen ermöglicht, erfolgreiche Führungswerkzeuge effektiv einzusetzen. Führungskompetenz hat vielfältige Facetten: sie zeigt sich in der Sache, in der Um- und Weitsicht, im Mut, etwas zu wagen, oder in der Gelassenheit, etwas zu lassen. In der Zusammenarbeit sind vor allem soziale Kompetenzen und nicht nur Fachwissen wesentlich.

Aus all diesen Erfahrungen, die wir in Veränderungsprozessen in Unternehmen und bei Führungskräftetrainings gemacht haben, haben sich Themen herausgebildet, die wir in der Führungskräfteentwicklung für relevant halten. Wir schulen Führungskräfte in einem Fünf-Stufen-Programm, trainieren und entwickeln die Fähigkeiten von Managern. Um die Effektivität der Führungskräfte durch den Ausbau der genannten Fähigkeiten zu steigern, braucht es Wissen und praktische Erfahrung im kommunikativen Handeln sowie dessen Integration in das Fühungsverhalten. Der Chef als Coach sowie als Team- und Projektentwickler – das sind in der heutigen Zeit unverzichtbare Führungstools, die entscheidenden Einfluß auf die Motivation und somit auf den Erfolg haben. Im unternehmerischen Alltag sind wir angewiesen auf die ständige Verbesserung aller Prozesse und Abläufe. Dabei treten Anpassungs- und Veränderungsvorgänge auf, die eine Weiterentwicklung der eigenen Führungspersönlichkeit notwendig und sinnvoll machen. Dieser permanenten Weiterentwicklung tragen wir in einem 5-Stufen-Ausbildungsprogramm für Manager Rechnung.

Stufe 1:
Kommunikation und Beziehungsgestaltung im Führungsalltag

- Grundlagen der Kommunikation
- Wahrnehmungsfunktion
- Analyse des eigenen Führungsverhaltens
- Gesprächsführung
- Regeln im Führungsalltag
- Dialog-Prinzip
- Führungsmethodik
- Vorgehen in Entscheidungsprozessen
- Effektives Präsentieren

Stufe 2:
Coaching I: Vom Chef zum Coach, Führen mit Coaching

- Coaching-Konzepte
- Anforderungen an einen guten Coach
- Spezielle Fragetechniken
- Lösungsorientiertes Vorgehen
- Selbstcoaching
- Coaching on the job
- Veränderungsmanagement
- Selbstorganisation

Stufe 3:
Coaching II: Vom Chef zum Team- und Projektentwickler

- Aufbau von Teams und Projekten
- Teambildung und Steuerung
- Outdoortraining
- Projektmanagement
- Krisen-, Konflikt- und Streßmanagement
- Feedbackkultur
- Veränderung der Unternehmenskultur
- Ziele und Aufgaben in der Teamentwicklung

- Entwicklung von Teamkreativität

Stufe 4:
Persönlichkeitsentwicklung

- Reflexion der eigenen Werte
- Blockierungen erkennen und lösen
- Erweiterung und Neuentdeckung der eigenen Kreativität
- Optimierung des eigenen Führungsverhaltens
- Wechsel zwischen Spannung und Entspannung
- Visionen für das eigene Leben entwickeln
- Arbeitszeit ist Lebenszeit

Stufe 5:
Prozeßverbesserung

- Prozeßorientierte Organisation
- Kaizen
- Prozeßoptimierung
- Vom Kunden lernen
- Teamarbeit, Kooperation und Kundenorientierung
- Motivationssteigerung

Die Veränderung der Führungskultur bei der Swisscom AG

Walter Merz, Abteilung Personal und Organisation

Wir freuen uns, daß die Swisscom AG in diesem Kapitel den umfangreichen Veränderungs- und Weiterbildungsprozeß darstellt, an dem die Autoren und eurosysteam® mit dem Programm „Vom Chef zu Coach" beteiligt sind. Wir freuen uns auch, daß wir mit der Swisscom AG ein praktisches Beispiel dafür präsentieren können, wie der in diesem Buch dargestellte Coaching-Ansatz in einem großen und international tätigen Unternehmen umgesetzt wird. So kann den Leserinnen und Lesern deutlich werden, daß es sich bei der Veränderung der Führungskultur mit Coaching nicht um „graue Theorie", sondern um „gelebte Praxis" handelt.

Ausgangslage

Die weltweite Liberalisierung der Telekommunikationsmärkte schreitet zügig voran. Starke Technologieschübe machen die Telekommunikation in den letzten Jahrzehnten zu einem bedeutenden Standort- und Produktionsfaktor im wachsenden globalen Wettbewerb. Telekommunikation ist ein stark expandierender Markt.

Verändertes Umfeld

- Wir stehen an der Schwelle zur Informationsgesellschaft, welche die Flexibilität und weltweite Vernetzung von Unternehmen bzw. Kunden vorantreibt sowie deren Bedürfnisse entsprechend beeinflußt.
- Wir alle sind mit einer Beschleunigung der wirtschaftlichen, gesellschaftlichen und technologischen Veränderungen konfrontiert.
- Internet ist nur ein Beispiel dafür, wie heutige Telekommunikation distanz- und zeitunabhängig weltweit einen riesigen Datenaustausch ermöglicht und das individuelle Verhalten der Anwender prägt: grenzenloser Zugriff auf Datenbanken, neue Kaufangebote und neues Kaufverhalten, weltweite Kontaktmöglichkeiten mit Kommunikationspartnern, Telearbeit etc.
- Die aus dem angelsächsischen Raum (USA und Großbritannien) ausgehende Liberalisierungswelle erreicht Ende der 80er Jahre Europa. Folge: Teilliberalisierung der Telekommunikation sowie einsetzende Privatisierung bisher staatlicher Telecom-Unternehmen.
- Die Schweiz revidiert 1992 das veraltete Fernmeldegesetz nach EU-Muster. Endgeräte und Mehrwertdienste werden liberalisiert. Die Sprachkommunikation und die Netze bleiben im Monopol; Trennung von betrieblichen und hoheitlichen Aufgaben.
- Neue Anbieter treten auf dem Markt in der Schweiz im Großkundensegment auf.
- Die Internationalisierung der Aktivitäten der damaligen Telecom PTT beginnt. Suche nach Allianzpartnern und möglichen Beteiligungen.
- 1992 beschließt die EU die vollständige Liberalisierung der Telekommunikation zum 1.1.98.

- Das Fernmeldegesetz wird revidiert, um zeitgleich am 1. Januar 1998 volle EU-Kompatibilität und Inkraftsetzung zu erreichen.

1988 beginnen die ehemals vor allem national tätigen Telekommunikationsgesellschaften mit ihrer internationalen Marktausrichtung. Dazu sind wegbereitende Beschlüsse nötig; so in den USA die gesetzgebenden Behörden, die im Jahre 1996 die Gebietsaufteilungen aufheben. Die EU folgt mit der Liberalisierung des Telekommunikationsmarktes per 1.1.1998. Diese Öffnung führt in der Schweiz über die Auftrennung von der nationalen PTT in die beiden Sachgesellschaften „Die Post" und „Swisscom AG".

Die Swisscom AG als Partner von AT&T-Unisource hat mit einer namhaften Beteiligung ein Bein im internationalen Telekommunikationsmarkt. Diese Ausrichtung bringt einen Angelpunkt zum USA-größten Anbieter mit sich. Zur Unisource gehören zur Zeit: Swisscom AG, Telia Sweden, PTT Nederlands. Im folgenden soll die Swisscom kurz umrissen werden.

Swisscom AG – ein Portrait

Das Firmenportrait der Swisscom erlaubt einen Einblick in die Aktivitäten und den Aufbau des Unternehmens:

- Wer ist Swisscom? (Basis 1996)

Gesamtumsatz	10 460 Mio Schweizer Franken
Ergebnis	1 400 Mio Schweizer Franken
Investitionen	2 300 Mio Schweizer Franken
Personalbestand	20 600 Mitarbeitende

  Basisnetz zu 100 Prozent digitalisiert
  Verkehrsvolumen: Nummer 7 weltweit beim abgehenden Telefonverkehr

- Trends auf dem Telekommunikationsmarkt
  Preis
  Dienstleistungsqualität ↑
  Innovation/Geschwindigkeit ↑
  Beteiligungen/Allianzen ↑
  Globalisierung ↑

Regionen und Geschäftsstellen

Die Swisscom AG bietet Basisdienste, Datakommunikation und Natelverbindungen an und übernimmt die Rolle als „Full Service Provider“. Sie verfügt in sämtlichen Sprach- und Kulturregionen des Landes über ein weitverzweigtes, flächendeckendes Distributionsnetz. In der Schweiz zählen das dichtbesiedelte Mittelland mit den Industriezentren zu den rentableren Zonen. Topographische und meteorologisch schwierige Verhältnisse bieten eine Herausforderung in den Alpenregionen, die wenig dicht besiedelt sind (höchstgelegene Umsetzungsstationen Europas).

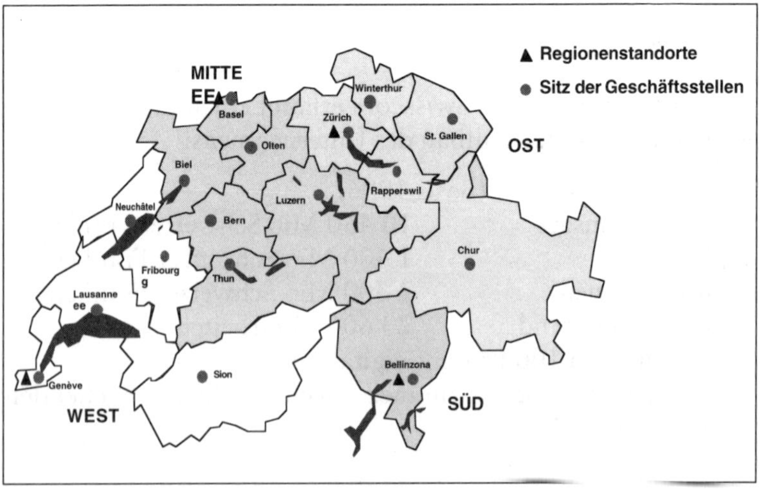

Regionen und Geschäftsstellen

Grundsatzüberlegungen

Die 1998 frisch formierte Konzernleitung definiert die künftige Marschrichtung der Swisscom mit der Vision und den Strategien des Unternehmens.

Die **Vision** der Swisscom AG lautet:

- Wir behaupten uns als erfolgreichstes und sozialverantwortliches Telekommunikationsunternehmen in der Schweiz und sind stark auch auf internationaler Ebene.

Die Herausforderung lautet: „Von der Staatsunternehmung zur Serviceunternehmung, die sich im liberalisierten Telekommunikationsmarkt bewähren muß.“

Der **Strategie** der Swisscom entnehmen wir:

- Schaffung von Mehrwert für Kunden und Aktionäre
- Marktbedürfnisse schnell und qualitativ hochwertig abdecken
- Konkurrenzfähige Preise
- Ausrichtung primär auf Schweizer Markt
- Breites, integrales Service-Angebot
- Stark werden dank Beteiligungen und Allianzen (international)
- Kostensenkung durch Effizienz

Unternehmenskultur-Charta

Die Unternehmenskultur in unserem Unternehmen ist von der Vision und den Strategien abgeleitet. Sie definiert sich durch unsere Strukturen und Prozesse, sie leitet sich ab von der Vision und den Strategien und ist von innen her entstanden.

Ihre wichtigsten Faktoren sind Leadership, Kommunikation, der Umgang mit den Mitarbeitenden sowie Kriterien der Leistungsbewertung.

Die Einleitung des Wandels – Das Projekt „Change"

Vor einem Jahr lösten wir mit dem Projekt „Change" den konsequenten Wandel zum vermehrt dynamischen, flexiblen, kunden- und marktorientierten Unternehmen aus. Im Zuge der Neuausrichtung wurde zudem die neue Organisationsstruktur festgelegt. Mit „Change" wurde dieser Unternehmensprozeß bei allen Mitarbeitenden eingeleitet. „Change" bedeutete die Abkehr vom Technik-/Ingenieurdenken hin zur Wandlung zu „Mitunternehmenden". Gefordert waren zudem transparente Geschäfts- und Arbeitsprozesse, kontinuierliche Qualitätssicherung und -verbesserung. Zu den Hauptzielen von „Change" gehörten eine ergebnisorientierte Führungsstruktur mit klaren Zielvorgaben. Statt auf die bisherige, eher eindimensionale Organisation setzt das Unternehmen neu auf Matrixorganisation mit kundenorientierten Prozessen.

Im Hinblick auf die Liberalisierung der Telekommunikations-Märkte und die Trennung von Post und Telecom PTT wurde Ende 1997 ein neuer Marktauftritt unter dem Namen „Swisscom" lanciert. Unter diesem Namen will sich das Unternehmen neu und eigenständig im Markt positionieren. Gleichzeitig soll der rasche Wandel innen wie außen unterstützt werden. Der Konzern will seine Aktivitäten konzentrieren und sich künftig konsequent auf die Bereiche Sprach- und Datenübertragung, Multimedia, Mobilkommunikation, Carrier Services und Beteiligungen im Bereich der Telekommunikation ausrichten.

Festgestellter Bedarf nach „Change"

Nach dieser Sensibilisierung des Personals für den Wandel („Change") bringt eine Meinungsumfrage beim Personal folgenden Handlungsbedarf zutage:

- Die Fähigkeiten und Potentiale der Mitarbeitenden sollen erkannt und aktiv gefördert werden
- Ängste vor Fehlern sollen abgebaut werden, um unternehmerischer handeln zu können
- Gehör für neue Ideen seitens der Mitarbeitenden entwickeln
- Lernen, gemeinsam voneinander zu lernen (Lernende Organisation)
- Zusammenarbeit und Kommunikation auf allen Stufen innerhalb und zwischen den Teams fördern
- Eigenverantwortung erhöhen, damit Veränderungen auch tatsächlich eine Chance haben
- Transfer sichern durch praxisorientiertes Training on the job
- Weiterbildung im Kundendienst und im Beziehungsmanagement intensivieren.

Die Botschaft der Konzernleitung

Aktive Kundenakquisition und Bereitstellung eines Full-Service sowie die Kundenbetreuung sind die Hauptaufgaben mit dem Ziel, die Kundennähe zu verstärken und bedarfsgerechte Leistungen zu erbringen. Die Mitarbeiterinnen und Mitarbeiter des Kundendienstes beantworten unter anderem täglich 10 000 Anrufe von Kunden, beheben Störungen und gewähren die Einsatzbereitschaft rund um die Uhr. Damit kommt dem

Kundendienst in einem Wettbewerbsumfeld größte Bedeutung zu, hängt doch die Beurteilung eines Unternehmens wesentlich von den Serviceleistungen dieses Bereiches ab.

Die Statements des Präsidenten der Konzernleitung, Tony Reis, verdeutlichen die Wichtigkeit des Wandels:

„Der Wettbewerb verlangt eine hochgradige Flexibilität, um Kundenbedürfnissen gerecht zu werden. Unsere Herausforderung heißt: Schneller Wandel. Das bedeutet Schnelligkeit statt Perfektion, denn der Zeitfaktor ist marktentscheidend." und: „Jeder Einzelne und jeder Bereich muß für seine Aufgaben die Ergebnisverantwortung übernehmen. Manager sind auch für bereichsübergreifende Prozesse verantwortlich."

Als wichtiges Instrument des Wandels gilt das Prozeßmanagement. Dazu T. Reis: „Die Umstellung vom struktur- zum prozeßorientierten Unternehmen wird durch die im Projekt „Qualitätsmanagement" definierten Prozesse wesentlich unterstützt: diese Prozesse sind die Basis für die kontinuierliche Verbesserung, die wir für den Ausbau unserer Konkurrenzfähigkeit benötigen. Die bereits erfolgten und vorgesehenen Zertifizierungen fördern die prozeßorientierte Denkweise. Mit der Ausrichtung auf Prozesse und der Nutzung von TQM als Führungsinstrument stellen wir den Erfolg der Swisscom im Wettbewerb sicher. Der Erfolg unseres künftigen Marktauftrittes hängt insbesondere davon ab, *ob es gelingt die neue Führungs- und Unternehmungskultur umzusetzen*. Die Konzernleitung und alle Mitarbeitenden müssen von Beginn an permanent ihre volle Identifikation mit den angestrebten Zielen wahrnehmen. Von allen wird in erster Linie gefordert: Engagement und Offenheit für neue und effiziente Lösungen im Umgang mit internen und externen Kunden – sowie Initiative und Ergebnisverantwortung. Alle werden künftig daran gemessen, welchen Beitrag sie zur Wertschöpfung leisten."

Wie gehen wir die Personalentwicklung an? (Zielerreichung)

Vorstellen des integrierten Personalentwicklungsmodells aus der Sicht der innerbetrieblichen Ausbildungsstelle (Personalentwicklung) von Swisscom:

Die Devise lautet: weg vom „Gießkannen-Prinzip" (von allem etwas und auf alle gerecht verteilt) zu „Konzentration auf die Führungskräfte" (zwecks Multiplikatoren-Wirkung). Innerbetriebliche Aus- und Weiterbildung findet nicht im luftleeren Raum statt, sondern orientiert sich an den auf die Unternehmensvision ausgerichteten Strategien und Zielen und ist in den Führungsprozeß integriert. Swisscom verfügt, abgeleitet aus Vision und Strategie, über eine Kultur-Charta. Diese Leitsätze beschreiben, wie die Ziele erreicht werden sollen: z. B. „Wir arbeiten erfolgreich im Team". Davon lassen sich Kernkompetenzen respektive Schlüsselqualifikationen ableiten. „Kommunikations- und Konfliktfähigkeit, Teamfähigkeit, Entscheidungskompetenz oder Flexibilität" zählen bei Swisscom nebst der fachlichen Qualifikation zu den zentralen Kernkompetenzen. Diese Schlüsselqualifikationen bilden neben der fachlichen Entwicklung die Grundlage für eine gezielte Personalselektion und -entwicklung. Diese Kriterien kommen in den aufeinander abgestimmten Führungsinstrumenten wie Mitarbeiterbeurteilung, Feedback an Vorgesetzte sowie in den Lernzielen zum Tragen, die in der Personal- und Kaderentwicklung angeboten werden.

Konkret heißt das: Die zwischen Teamleiter und Teammitgliedern fixierte Zielvereinbarung wird in einem jährlich stattfindenden Mitarbeiterbeurteilungs-Gespräch ausgewertet. Dabei werden auch die Personalentwicklungsmaßnahmen diskutiert, geplant und überprüft. Die daraus abgeleiteten Maßnahmen können am Arbeitsplatz, in einem neuen Projekt, einer erweiterten oder veränderten Funktion oder in einer Weiterbildung umgesetzt werden. Neben individuellen Maßnahmen werden die Führungskräfte auch auf Workshops, die ganze Arbeitsteams weiterentwickeln (zum Beispiel Teamentwicklung), sensibilisiert.

Das Konzept der integrierten Personalentwicklung verdeutlicht auf einen Blick, daß eine entsprechende Personalstrategie nur umgesetzt und gelebt werden kann, wenn im Personalselektionsprozeß konsequent die Kernkompetenzen überprüft werden. Durch tägliches Vorbild und der Wahrnehmung von Führungsverantwortung werden die angestrebten Werte in Form von Schlüsselqualifikationen vorgelebt und in einer gezielten Aus- und Weiterbildung weiter gefördert.

Zukunftsorientierte Aus- und Weiterbildung darf nicht nach dem Gießkannenprinzip erfolgen, sondern soll auf das Individuum oder ganze Arbeitsteams bedarfsorientiert zugeschnitten sein. Bildungsmaßnahmen sollen möglichst nach erfolgter Bedarfsermittlung „just in time" eingeleitet werden. Bildungsausgaben sind als Investitionen zu betrachten, die nach Aufwand,

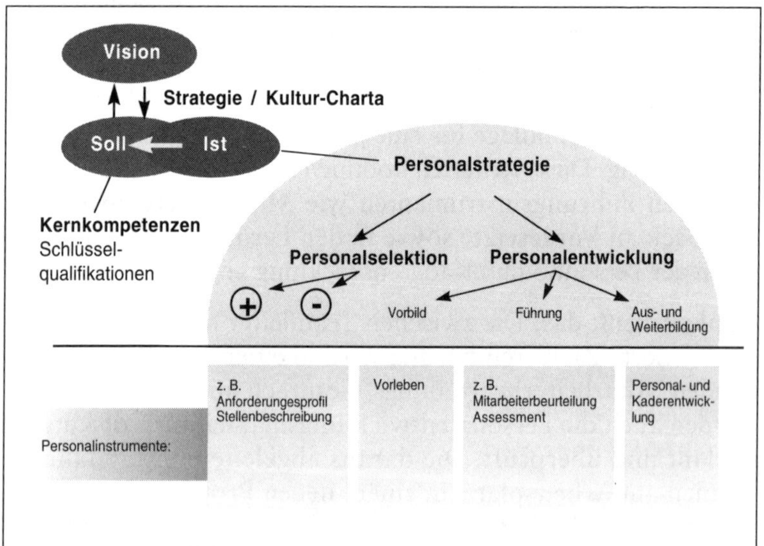

Integriertes Personalentwicklungs-Konzept

Nutzen und Zeitpunkt hin überprüft werden sollen. Gezielte Personalentwicklung hilft mit, Menschen auf zukünftige Herausforderungen vorzubereiten, Stärken zum Einsatz zu bringen, Potentiale zu entwickeln und Schwächen abzubauen. Neben individuellen Qualifizierungsanstrengungen nehmen die auf ganze Organisationseinheiten bezogenen Maßnahmen an Bedeutung zu. Nur so können konkrete Problemstellungen an der Wurzel angepackt und dadurch weitreichende Kulturveränderungen eingeleitet werden. Die Verantwortung für betriebliche Aus- und Weiterbildung soll von allen Mitarbeiterinnen und Mitarbeitern sowie deren Führungskräften wahrgenommen werden. Sie darf nicht an eine Fachabteilung delegiert sein. Eine moderne Aus- und Weiterbildungsabteilung versteht sich deshalb als Dienstleisterin, die ihre Kunden in Fragen und Problemstellungen der Personal- und Organisationsentwicklung unterstützt. Im Unternehmen soll eine Kultur gepflegt werden, in der gegenseitiges Feedback und „Lernen aus dem Erfahrungsschatz von anderen“ den Lernprozeß auch „on the job“ unterstützen soll. So wird sich Swisscom zu einer lernenden Organisation entwickeln.

Was soll damit erreicht werden?

Das zunehmend höhere Tempo im Wirtschaftsalltag sowie der dadurch immer stärker werdende Druck auf Führungskräfte erfordern neue Ansätze in der Führung. In Ergänzung zu den bereits angebotenen Managementseminaren wird ein Weiterbildungsprogramm mit den Themen „Coaching und Teamentwicklung“ eingeführt. Diese Angebote sollen den „Change“-Prozeß als flankierende Maßnahmen nachhaltig vertiefen.

Ziele des Programms „Coaching/Teamentwicklung“

Die strategische Zielsetzung des Programms (Umsetzung der eingeleiteten Strategie und Neuausrichtung der Swisscom AG) verlangt folgende Eckwerte:

- Diese Weiterbildungsprogramme bauen auf den von vielen Führungskräften absolvierten betriebsinternen Management-Seminarien auf und tragen der Philosophie des „Change“-Prozesses „Unternehmer im Unternehmen“ Rechnung.
- Diese Weiterbildungsmaßnahmen stehen im Einklang mit der Swisscom-Philosophie.

Die Ausbildungsgänge erstrecken sich jeweils über einen Zeitraum von etwa einem Jahr.

Zur Umsetzung der ehrgeizigen Unternehmensziele legt die Ausbildungsabteilung (Personalentwicklung) die folgenden Ziele fest:

- Seit 1997 wird das Programm „Coaching und Teamentwicklung“ als permanente Weiterbildung bei Swisscom eingeführt. In einem Zeitraum von drei Jahren hat ein Großteil des Kaders diese Weiterbildung erfolgreich absolviert.
- Ab 1998 kommen in Anwendung des (vorgängig vorgestellten) integrierten Personalentwicklungsmodells vermehrt Veranstaltungen mit der gleichen Thematik in ganzen Teams zur Anwendung.
- Die Handlungskompetenz der Teamleitenden soll durch Coaching systematisch und gezielt erhöht werden.

Die Handlungskompetenz besteht aus:

- Fachkompetenz: Fachliches Know-how und Erfahrung, wirtschaftliches Handeln, Sprachkenntnisse (in der Schweiz Deutsch, Französisch sowie Englisch), Auslandserfahrung.

- Methodenkompetenz: Planungsfähigkeit, Organisationsvermögen, Problemanalyse und -lösung, konzeptionelle Fähigkeiten.
- Sozialkompetenz: Wahrnehmungsvermögen, Kontakt- und Kommunikationsfähigkeit, sprachlicher Ausdruck, Teamfähigkeit, Integrations- und Kooperationsfähigkeit.
- Führungskompetenz: Coaching-, Kritik-, Teambildungsfähigkeit, Konflikt- und Konsensfähigkeit, visionäres Denken, Veränderungen herbeiführen können, unternehmerisches Handeln, Führungseigenschaften, Vorbild sein, überzeugen.
- Selbstkompetenz: Initiative, Ausdauer, Entscheidungsvermögen, Umsetzungskraft, Beweglichkeit und Lernbereitschaft, Selbstvertrauen und Belastbarkeit, Selbstmanagement.

Diese Kompetenzfelder leiten sich ab von der Unternehmenskultur-Charta der Swisscom.

Die Kulturcharta ist abgeleitet von unserer Vision und unseren Strategien und definiert verbindlich folgende Grundsätze:

- Kunden, Mitarbeitende, Aktionäre und Umfeld/Umwelt sind gleichwertig
  - Ich bediene interne und externe Kunden so, wie ich selbst bedient werden möchte
  - Ich richte meine Arbeit auf den Aufbau bzw. den Erhalt längerfristiger Kundenbeziehungen aus
  - Ich verhalte mich kosten- und umweltbewußt
- Die Verantwortlichkeiten und Kompetenzen sind klar
  - Ich betrachte mich als Teil des Ganzen und handle danach
  - Ich traue mir etwas zu und handle eigenverantwortlich
  - Ich denke unternehmerisch und realisiere Verbesserungen

- Wir arbeiten erfolgreich in Teams
  - Ich arbeite aktiv im Team und unterstütze die Zielerreichung
  - Ich setze die Teamziele über meine persönlichen Ansichten
  - Ich respektiere andere Meinungen und gehe Konflikte konstruktiv an
- Führung bedeutet, Vorbild zu sein
  - Ich unterstütze die Mitarbeitenden und fördere sie
  - Ich habe Vertrauen in die Fähigkeiten der Mitarbeitenden
  - Ich anerkenne gute Leistungen
  - Ich nehme die Anliegen und Meinungen der Mitarbeitenden ernst
  - Ich kommuniziere und informiere offen, zeit- und situationsgerecht
- Wir gestalten den Wandel aktiv mit und verbessern uns laufend
  - Ich bin lernbereit und offen für Neues
  - Ich sehe Veränderungen als Chance für die Zukunft
  - Ich arbeite an Neuerungen und Verbesserungen konstruktiv mit
  - Ich nehme Kundenanregungen ernst und erachte sie als Chance zur Innovation

Zielinhalte und angestrebte Ergebnisse

- Möglichst viele Teamleitende sollen die neue Führungspraxis kennenlernen und das Coaching-Programm durchlaufen und dabei erste Erfahrungen sammeln.
- Gemeinsam bauen die Teilnehmenden eine neue Swisscom-Coaching-Kultur auf (Unité de doctrine) und lernen die Coaching-Funktionen und das Design des Selbst- und Einzelcoachings sowie des Coaching-Prozesses kennen.

- Coaching befähigt die Teamleitenden, ihre Teams mit höherer Effizienz zu führen und die gesteckten Ziele effektiver zu erreichen.
- Die Umsetzung soll bei Bedarf durch Einzelcoaching unterstützt werden.
- Coaching fördert das teamorientierte Führen. Dadurch wird die Motivation der Einzelnen gesteigert und somit wird der Entwicklungsprozeß „Unternehmer im Unternehmen" gefördert und trägt dazu bei, daß die unternehmerische Verantwortung vermehrt wahrgenommen wird.
- Das Programm oder einzelne Teile daraus sollen vermehrt in Arbeitsteams zusammen mit den Teamleadern absolviert werden. Damit wird eine „On-the-job" Umsetzung eingeleitet.
- Coaching ermöglicht ein wirkungsvolles Konflikt- und Krisenmanagement, dabei wird die Organisationsentwicklung vorangetrieben.
- Der hohe Praxisbezug dieses Programms erlaubt den Teamleitenden, ein auf ihre Funktion und Person zugeschnittenes effizientes Führungsinstrumentarium zu erarbeiten.
- Die neue Führungsphilosophie fördert das lösungs- und zielorientierte Verhalten auf allen Stufen und bei allen Mitarbeitenden.

Wie setzen wir dies um?

Einbindung der Linie

Die Einbindung der Linie erachten wir als sehr wichtig; damit ist die Konzernleitung gemeint. T. Reis als Vorsitzender der Konzernleitung unterstützt als Fahnenträger im ganzen Unternehmen das Programm, indem er durch das Vorleben seiner inneren Haltung diese Art der Zusammenarbeit zum Beispiel bei Meetings, in Mitarbeiteransprachen kundtut. Der von ihm installierte E-Mailkasten „Fragen und Hinweise an T. Reis" zeugt von dieser Offenheit. Statements und Interviews in der Personalzeitschrift „Communication" tragen dazu bei, Coaching zum Durchbruch zu bringen.

Tony Reis, CEO der Swisscom, als Schirmherr und Unterstützer des Programms in der Konzernleitung, Dr. Gerhard Lenz, eurosysteam, Heidelberg, und von der Swisscom die Leitung Human Resources, Ausbildung, unterstützen das Projekt. Sie sorgen für die qualifizierte Verankerung dieses Programmes in der Swisscom. Sie stellen die notwendigen Projektressourcen sicher. Ferner sind sie Gesprächspartner der Teilnehmenden für Feedback und Veränderungsimpulse.

Zusammenarbeit mit externen Spezialisten

Aufgrund der Wichtigkeit dieses Projektes sollen nur qualifizierte interne und externe Spezialisten mit entsprechender Erfahrung und einem Leistungsnachweis in der Wirtschaft zum Einsatz gelangen.

Projektdurchführung und zeitlicher Rahmen

Die Themen werden schrittweise über verschiedene Module erarbeitet. Zwischen den einzelnen Modulen wird genügend Zeit für die Erprobung und Umsetzung im Führungsalltag eingeräumt.

Vorstellen der Module

Coaching-Workshop I

Inhalte:

- Anforderungen an gute Coaches
- Grundelemente des Coaching-Prozesses
- Methoden und Techniken 1 (zum Beispiel Systemischer Ansatz)
- Ziel- und Kontraktdefinition im Coaching-Prozeß
- Standortanalyse bisherigen Führungsverhaltens
- Umgang mit sich selbst, Selbstcoaching
- Interventionen (von der Vision zur Tat)

Coaching-Workshop II

Inhalte:

- Entwicklungen seit Workshop I
- Methoden und Techniken 2 (zum Beispiel Selbstorganisation)
- Motivationssteigerung im Coaching-Prozeß
- Konzepte des Veränderungsprozesses
- Problem- versus lösungs- und ressourcenorientiertes Vorgehen

Coaching-Workshop III

Inhalte:

- Abschluß eines erfolgreichen Coaching-Prozesses
- Coaching unter erschwerten Bedingungen (Streß, Konflikte und Krisen)
- Der Coaching-Prozeß im Überblick
- Überprüfung der Zielerreichung des Coaching-Kontraktes

Folgende Methoden des Lernens kommen zum Einsatz:

- Konzeptvermittlung in Kurzvorträgen und Lehrgesprächen
- Pinnwand-Technik
- Gruppenarbeiten und -präsentationen
- Einzelarbeiten und -präsentationen

Die systematische Beschäftigung mit den Lehrinhalten und die Reflexion des persönlichen Lern- und Entwicklungsprozesses schließt die kontinuierliche Überprüfung des eigenen Führungsverhaltens ein und ist integraler Bestandteil der Bildungsmaßnahmen.

- Skulpturarbeit

In der Skulpturarbeit werden Beziehungskonstellationen bildhaft verdeutlicht, erlebbar gemacht und ermöglichen dadurch Bewußtwerden und können Mittel sein für Veränderungen.

- Simulation und Training im Rollenspiel

In Rollenspielen werden Coaching-Situationen persönlich erlebt und durch die Lehrcoaches methodisch unterstützt. Der „Trittbrettfahrer-Effekt“ der übrigen Mitglieder erzeugt dabei weitere Lösungen.

- Demonstration durch die Lehrcoaches

Demonstration der Haltungen und Werte sowie der Methoden und Techniken durch die Lehrcoaches, ermöglichen das Lernen an Beispielen.

- Videovorführungen

Teile des Programms werden durch Videosequenzen ergänzt.

Lehrcoachings

Zwischen den Workshops 1-3 werden Lehrcoaching-Meetings festgelegt.

Deren Termine werden durch die Teilnehmenden mit den Lehrcoaches abgestimmt. Sie dauern drei mal einen halben Tag und werden von den Teilnehmenden organisiert und meist betriebsintern durchgeführt.

Die Inhalte umfassen das Einbringen der persönlichen Erfahrungen als Coach im Team und das gemeinsame, lösungsorientierte Bearbeiten von Fällen aus dem beruflichen Alltag der Teilnehmenden.

Die persönliche Unterstützung des Lern- und Entwicklungsprozesses der Teilnehmenden durch die Lehrcoaches bewirken weitere Lernsituationen.

Coaching-Prozesse vor Ort

Nachhaltiges Lernen geschieht am Arbeitsplatz unter den Teammitgliedern. Zur Umsetzung der Vision und der Strategien trägt das integrierte Personalentwicklungsmodell bei; dazu werden Teamentwicklungs-Trainings mit den Organisationseinheiten vereinbart. Teile oder das ganze Spektrum des vorgestellten Coaching-Programms werden gemäß dem Bedarf mit den Arbeitsteams und ihren Teamleitenden durchgeführt. Das Spektrum reicht von Kurzeinsätzen der damit betrauten internen wie externen Coaches bis zu mehrtägigen begleiteten Veranstaltungen.

Vermehrt gelangen ganze Arbeitsteams an die Ausbildungsabteilung, um die für sie relevanten Teile des Programms bei sich am Arbeitsplatz zu verarbeiten. Damit wird ein wichtiger Beitrag zur Lernenden Organisation gelegt.

Zur effektiveren Zielerreichung in temporären Projektteams werden Projektleitende in der Coaching-Philosophie geschult.

Nach der jeweiligen Bedarfserhebung bei den Teamleitenden erfolgt mit den ganzen Teams die Ursachensuche, die Zielvereinbarung, die Lösungssuche und die Auswahl der geeignetsten Lösung(en) sowie die Umsetzung und die Zielüberprüfung. Nach der Probephase sind die Teams meist selbst in der Lage, die Maßnahmen einzuleiten und weitere Schritte zur Optimierung ihrer Arbeits- und Team-Prozesse zu planen.

Nutzen für Swisscom

Die gemeinsam erarbeiteten Coachingumsetzungs-Inhalte garantieren einen hohen Praxistransfer.

Die in den Workshops durch die Teilnehmenden erarbeiteten Lösungsansätze fördern durch fortwährende Feedback-Schleifen die Ansätze der Lernenden Organisation. Die Führungskräfte werden zu tragenden Elementen der neuen Führungskultur. Die Teilnahme am gemeinsamen Lernprozeß wird das Betriebsklima verbessern, die Kooperation erhöhen und sich somit positiv auf die interne Zusammenarbeit und das Erreichen der Unternehmensziele auswirken. Firmenidentifikation und Loyalität werden dadurch erhöht. Aufgrund der prozeßorientierten Stoffvermittlung kann das Erlernte sofort in der Praxis erprobt und umgesetzt werden.

Wirksamkeit und Ergebnis – Auswirkungen in der Linie

Die Veränderungen passieren vorwiegend in der Linie. Ein Beispiel soll für die anderen dastehen: Ein Teamleiter zeigte sich sehr verschlossen gegenüber dem systemischen Ansatz. Vor allem überzeugten ihn die verschiedenen Fragetechniken nicht. „Ich weiß schon, was für mein Team gut ist“, war seine Überzeugung, die er während längerer Zeit allen darlegte. Beim Coaching-Gespräch während eines Workshops kam er mit seiner für ihn bewährten Art bei einem konkreten Fall aus dem Betrieb nicht weiter. Nach dem Rollenwechsel, sein Mitarbeiter schlüpfte nun in seine Vorgesetztenrolle, kam dieser in der Problemlösung mittels der Fragetechnik flott voran. Zu guter Letzt wurde das Problem für die Beteiligten sogar sehr gut gelöst. „Ich hätte dies nie gedacht, daß er die Lösung für mein Problem mit mir schaffen würde!" war sein spontanes Feedback anschließend im Plenum. „Ich werde dies bei mir im realen Team auch ausprobieren".

Diese Art von individueller Veränderung wird ergänzt durch Veränderungen in ganzen Teams.

Hierzu einige Feedbacks von sich wandelnden Teamleitenden:

- Coaching entdeckte ich als strukturiertes, hochwirksames Instrument für meinen Führungsalltag. Die Veranstaltungen tragen sicher dazu bei, in der Swisscom eine neue Führungskultur zu prägen. Eine Kultur, die uns alle noch mehr als heute zum Mitdenken, Mitgestalten und Mittragen animiert. Dies wird sich für uns und das Unternehmen nur positiv auswirken.
- Ich habe im Programm „Coaching" viel gelernt. Meine Erwartungen waren nicht allzu hoch, vielleicht wurden sie deshalb übertroffen. Gut ist der begleitete Praxistransfer zwischen den Blöcken. Konkret werde ich mehr Fragen stellen und zuhören, als dem Team sofort Lösungen anzubieten.
- Coaching bedeutet für mich einen interessanten neuen Ansatz, der es mir ermöglicht, dank gezieltem und neutralem Hinterfragen, ohne Belehrungen meinerseits, mit meinen Teammitgliedern Lösungen und Wege zu entwickeln, um die ehrgeizigen Ziele zu erreichen.

Der hohe Praxisbezug dieses Programms erlaubt es den Teamleitenden, ein auf ihre Funktion und Person zugeschnittenes effizientes Teamentwicklungs-Instrumentarium zu erarbeiten. Mit der neuen Führungs- und Teamentwicklungsphilosophie wird ein lösungs- und zielorientiertes Verhalten auf allen Stufen und bei allen Mitarbeitenden gefördert. Dieses Instrument eignet sich auch zur Formierung von frisch gebildeten Teams; ein Umstand, der es erlaubt, Teams zu bilden, die sich zur Zeit im Unternehmen von der Aufbau- zur Prozeßorientierung befinden. Für einige zentrale Funktionen, wie zum Beispiel den Qualitätsmanagern, wurde im Rahmen von verschiedenen Veranstaltungen das Gedankengut des Programms implementiert oder sie sind daran, dies umzusetzen.

Die bisher mit Coaching erzielten Resultate in den Teams ermutigen uns zum Weitermachen. Für den wichtigen Austausch unter Teamleitenden zwecks Lösen von Führungsproblemen wird hiermit ein Forum geschaffen. Lernen aus Coaching-Situationen heißt, vergangene Führungsprobleme reflektieren; für aktuelle Führungssituationen, in denen sich die Beteiligten gerade befinden, Alternativen zu suchen oder für Probleme, die vor sich hergeschoben werden („Bugwellenprobleme"), neue Vorgehensweisen suchen.

Aus den Rückmeldungen der Teamleitenden entnehmen wir, daß hier Raum für gegenseitige Führungsentwicklung (Lernen voneinander) gelegt wurde. Unsere Aufgabe ist es nun, dies weiter voran zu treiben.

Kritische Überprüfung

Veränderungsprozesse im Unternehmen bewirken Veränderung im eigenen Leben der Mitarbeitenden. Viele sind sich dessen nicht bewußt; ständige Veränderung ist gefordert, verstanden als feine Korrekturen auf extrinsische Einflüsse auf unser Leben. *Ver*ändern ist an sich wertfrei, ist lebenserhaltend. Veränderung kann als aufbauend empfunden werden oder schmerzlich wirken. Der Veränderungsimpuls kommt vielfach von außen in die Teams. Ob die Umsetzung des Wandels von uns her aktiv angegangen wird oder ob wir sozusagen von außen, von jemandem wie fremdgesteuert die Veränderung vollbringen, macht den Unterschied aus, wie wir Veränderung erleben. Bei einzelnen Personen kann der Wandel, dem wir uns alle stellen müssen, ein Gefühl der Machtlosigkeit erzeugen. Je nach erlebter, individueller „Veränderungsgeschichte“ stellen sich die Mitarbeitenden eher positiv oder eher zurückhaltend dem Wandel gegenüber. Diese „Story“ gilt es in den Veranstaltungen bewußt zu machen und aufzuarbeiten, damit künftiger Wandel vom einzelnen wie von Teams bewußt mit neuer Kraft selber gestaltet werden kann.

Ausblick

Wir sind aufgrund unserer Erfahrungen der Ansicht, daß „Lernen in der Organisation“ vermehrt stattfinden muß. Die direkte Umsetzung von Erlerntem (unmittelbarer Transfer vollzieht sich in der Organisationseinheit) ist eher gewährleistet, wenn Bildung am Arbeitsplatz mit den betroffenen Teams veranstaltet wird. Dies trifft um so mehr zu, weil die Ressourcen Zeit und Geld knapper werden. Schulungsmaßnahmen werden deshalb auf Bedarf der Linie hin bereitgestellt und durchgeführt. Die Herausforderung für die Ausbildungsabteilung heißt: Konzentrieren und Straffen des vorgestellten Programms auf die essentiellen Inhalte. Die Anstrengungen werden vermehrt in die Richtung gehen, die Arbeitsteams in der Erreichung der Unternehmensziele am Arbeitsplatz und in den Organisationseinheiten zu unterstützen. Von dieser eben begonnenen Arbeitsweise hat die Ausbildungsabteilung erfolgversprechendes Feedback von den internen Auftraggebern (Linienvorgesetzte) bereits erhalten. So gesehen ist die Ausbildungsabteilung zuversichtlich, mit dem vorgestellten Programm „Coaching/Teamentwicklung“ und den parallel eingesetzten anderen Maßnahmen ihren Beitrag zur Erreichung der Ziele unseres Unternehmens leisten zu können.

Literatur

COLLINS, J.C., PORRAS, J.I.: Visionary Companies – Visionen im Management. Artemis und Winkler: München 1995

CRAMER, F.; KAEMPFER, W.: Die Natur der Schönheit. Zur Dynamik der schönen Formen. Insel: Frankfurt/Main 1992

CRAMER, F.: Chaos und Ordnung. Die komplexe Struktur des Lebendigen. Suhrkamp: Frankfurt/Main 1996.

CZICHOS, R.: Coaching = Leistung durch Führung. Reinhardt, Ernst: München 1995

GEO-WISSEN: Chaos und Kreativität. 1993.

GERKEN, G.: Manager, Helden des Chaos. Econ: Düsseldorf 1994

HAMANN, A.: Coaching. Der Vorgesetzte als Trainer. Hoppenstedt: Darmstadt 1991

KHALEELE, OLYA, WOOLF, RALF: Persönlichkeit, Lebenserfahrung und Führungsfähigkeiten, Erklärungskonzepte und Fallstudien, in: Zeitschrift für Organisationentwickung 2 /98

LASKO, W.W.: Dream Teams – 110 Stories für erfolgreiches Team-Coaching. Gabler: Wiesbaden 1996

LASZLO, E. ET AL: Evolutionäres Management – Globale Handlungskonzepte. Paida: Fulda 1992

LONGENECKER, CLINTON O., GIOIA, DENNIS A.: Auch Manager leiden unter schlechten Chefs, in: Harvard Business manager, 4/1992

LOOSS, W.: Coaching für Manager. Problembewältigung unter vier Augen. Moderne Industrie 3. Auflage: Landsberg/Lech 1993

NEUBEISER, M.-L.: Management-Coaching. Der neue Weg zum Manager von morgen. Orell Füssli: Zürich 1990

OSTERHOLD, G., LENZ, G.: Coaching und Supervision – die Annäherung, in: Managerseminar 4/92

OSTERHOLD, G.: Veränderungsmanagement – Visionen und Wege zu einer neuen Unternehmenskultur. Gabler: Wiesbaden 1996

RÜCKLE, H.: Coaching. Econ: Düsseldorf 1992

RUEDE-WIẞMANN, W.: Crash-Coaching. Die C.-C.-Methode kreativen Streitens und der Problemlösung. Langen-Müller: München 1991

SCOTT-MORGAN, P.: Die heimlichen Spielregeln – Die Macht ungeschriebener Gesetze im Unternehmen. Heyne-Campus Taschenbuch: München 1994

SPRENGER, R. K.: Das Prinzip Selbstverantwortung – Wege zur Motivation. Campus: Frankfurt/Main 1996

WATZLAWICK, P., BEAVIN, J. & JACKSON, D.: Menschliche Kommunikation. Huber: München 1969

WHITMORE, J.: Coaching für die Praxis. Campus: Frankfurt/Main 1994

Glossar

Attraktor bezeichnet einen neuen qualitativen Zustand bzw. ein neues Muster eines Systems. Durch die Variation der *Randbedingungen* kann ein System in einen neuen Attraktor übergehen, sich also verändern.

Chaostheorie, Chaos und Struktur, Chaos und Ordnung: Chaosforschung und Systemtheorie betonen, daß die Welt als Prozeß zu begreifen ist. Chaos und Struktur sind nicht statisch zu verstehen, sondern als Zustände, die dynamisch wechseln.

Coaching ist eine Führungsmethode, die dazu beiträgt, daß Mitarbeitende ihre Potentiale erkennen und erweitern, so daß sie ihre Leistungen maximieren können.

Feedback, Feedbackschleife, Rückkopplungsschleife ist die Rückmeldung über ein Verhalten, einen Zustand oder ein Ergebnis; auf die Abweichungen vom Sollzustand folgen Überprüfungen und Handeln.

Fließgleichgewicht ist die stabile Zustandsform eines Systems. Veränderungen oder Störungen, die aus der Umwelt kommen, werden ausgeglichen. So kann sich ein System über einen gewissen Zeitraum konstant erhalten.

Irritationen siehe unter *Turbulenzen und Irritationen.*

Komplementäre Eskalation ist die Bezeichnung für die Zuspitzung eines Beziehungsmusters, bei dem die unterschiedlichen Positionen der Beteiligten einander ergänzen. Siehe auch *symmetrische Eskalation.*

Konstruktion der Wirklichkeit bedeutet, daß wir aktiv an der Konstruktion unserer eigenen Erfahrungswelt beteiligt sind.

Kontext: sämtliche internen und externen Variablen, die das System beeinflussen

Koppeln (Kopplung) bedeutet die Anpassung an Menschen, Umwelten, Zustände, Vorstellungen, um sie zu begreifen, zu durchdringen und somit zu verstehen.

Leadership ist die Fähigkeit, Innovation zu fördern und Menschen mit Sachverstand und sozialer Kompetenz zu führen.

Mitunternehmende sind Mitarbeitende, die sich für das Unternehmen verantwortlich fühlen und selbständig handeln.

Musterunterbrechung durch Unterlassung bedeutet, daß eine Verhaltenskette durch das Weglassen einer immer wiederkehrenden Verhaltensweise verändert werden soll.

Prozeß: jegliche Veränderung von Materie, Energie und Information. Ablaufprozesse sind organisierte Einheiten, die ein geordnetes Ganzes darstellen. Ein Prozeß wird durch Komponenten, Strukturen und Funktionen, die den Prozeß ausführen, definiert.

Randbedingungen beschreiben den Zustand in den Randbereichen von Systemen. Der Randbereich eines Systems ist der Ort, an dem Impulse aus der Umwelt auf das System einwirken können, was zur Veränderung von Systemen führen kann.

Reframing ist eine Gesprächstechnik der positiven Umdeutung, die den Dingen einen neuen Rahmen gibt.

Ressourcenorientiertes Vorgehen im Coaching-Prozeß baut auf den bereits vorhandenen Fähigkeiten und Fertigkeiten der Mitunternehmenden auf. Hierzu zählen auch scheinbar vergessene Fähigkeiten, die durch Hilfe eines Coaches wiederentdeckt werden müssen.

Rückkopplungsschleife siehe unter *Feedback*.

Selbstorganisation (Selbstorganisationstheorie) ist die Entwicklung geordneter Muster ohne Eingriff von außen, um einen Zustand zu erhalten oder einen neuen zu erreichen. Die Selbstorganisationstheorie untersucht und beschreibt dabei die Phasenübergänge von einem Ordnungszustand zum nächsten.

Selbstreferenz ist die Möglichkeit, durch Selbstreflexion in Verläufe einzugreifen und distanziert auf sich zurückzublicken (Rückbezüglichkeit).

Selbstwert ist der Wert, den man sich selbst zuschreibt und der aus inneren Abbildungen und der Rückmeldung anderer gebildet wird.

Symmetrische Eskalation ist die Bezeichnung für die Zuspitzung eines Beziehungsmusters, das auf dem Streben nach Gleichheit und nach Verminderung von Unterschieden zwischen den Beteiligten beruht. Siehe auch *komplementäre Eskalation*.

Synergie ist das Zusammenwirken verschiedener Kräfte, Faktoren oder Systeme zu einer abgestimmten Gesamtleistung.

System: ein System ist verschieden zu der Summe seiner Teile. Es wird durch die Begrenzung des Beobachters definiert und gegliedert. Durch transagierende Subprozesse entsteht ein geordnetes Ganzes, das wir als System mit offenen Systemgrenzen beschreiben.

Systemisches Denken und Handeln: Systemtheorie ist das Wissen um Wechselwirkungen, Ergänzungsprozesse und gegenseitige Beeinflussung an Stelle von kausalen und linearen Zusammenhängen.

Trampelpfade entstehen durch die Wiederholung spezieller Verhaltenssequenzen. Diese bilden sich zu einem Muster aus, das oft typisch für ein System ist.

Transaktionen beschreiben die Beziehungsgestaltung und ihre Wirkung auf die Beziehung selbst und auf andere Personen und Systeme.

Turbulenzen und Irritationen sind beobachtete und „normale“ Zustände bei Phasenübergängen, die Ausdruck von Veränderungen sind.

Umdeutung siehe unter *Reframing*.

Die Autoren

Gerhard Lenz, Dr. (Jahrgang 1950), **Heiner Ellebracht,** Dr. (Jahrgang 1955), und **Gisela Osterhold** (Jahrgang 1950) sind Gesellschafter und Geschäftsführer von eurosysteam®, einer Unternehmensberatung mit Sitz in Heidelberg. Sie beraten Unternehmen und Organisationen im Projekt- und Prozeßmanagement sowie bei Veränderungen der Unternehmens- und Führungskultur. In einem speziellen Curriculum bilden sie Unternehmensberater auf Grundlage des systemischen Ansatzes aus.

In diesem Buch stellen sie ihren speziell entwickelten Ansatz für die Veränderung der Führungskultur mit Coaching vor, der exemplarisch in der Swisscom AG umgesetzt wurde. Vorliegender Ansatz wird firmenintern und in offenen Trainingsgruppen über eurosysteam® angeboten. – Bisher bei Gabler veröffentlicht: „Veränderungsmanagement – Visionen und Wege zu einer neuen Unternehmenskultur“, Gisela Osterhold, 1996.

Interessenten wenden sich an:
eurosysteam
Europäische Gesellschaft für
systemische Consultation und Training mbH
Steinhofweg 33a
D- 69123 Heidelberg